H. Spaemann
Orientierung am Kinde

Kriterien
68

Heinrich Spaemann

Orientierung am Kinde

Meditationsskizzen zu Mt 18,3

Johannes Verlag Einsiedeln

10. Auflage 2011
Mit kirchlicher Druckerlaubnis
© Johannes Verlag Einsiedeln, Freiburg
Alle Rechte vorbehalten
Druck: Steinmeier, Deiningen
ISBN 978 3 89411 015 4

INHALT

VORBEMERKUNG

Die in diesem Buch zusammengefaßten Meditationsskizzen, Brückenschlagsversuche von der Meditation na-
türlicher Gegebenheit zur Erwägung biblischer Weisung, bewegen sich um ein zentrales Thema der Offenbarung. Sie sind ein Versuch, jene Orientierung am
Kind zu gewinnen, die nach dem Herrenwort Mt 18,3
„Wenn ihr nicht umkehrt und werdet wie die Kinder,
so werdet ihr niemals in die Himmelsherrschaft hineinkommen" heilsnotwendig ist. Es interessiert uns nicht
das Niedliche am Kind, sondern der anfangende Mensch
in seiner Offenheit. Was wir am Kinde wahrnehmen,
suchen wir in Weisungen der Schrift, im Wesen und
Verhalten Jesu selbst und anderer Gestalten des Evangeliums wiederzufinden. So hoffen wir, das mit Jesu
Bekehrungsruf Mt 18,3 Gemeinte nicht zu verfehlen
und seine Konsequenzen für uns zu erkennen. – Eine
einleitende Erwägung des Jesuswortes an Nikodemus:
„Es sei denn, daß einer von oben geboren werde, so
kann er das Reich Gottes nicht sehen" (Jo 3,3) will das
offenbarungsgemäße Verständnis unseres Textes sichern
helfen.
Diese Meditationen, ursprünglich in Rundfunksendun-
gen (Südwestfunk) vorgelegt, wurden für den Druck
bearbeitet und wesentlich erweitert. Sie wollen nicht
in einem Zuge gelesen werden. Vielmehr ist jeder ein-
zelne dieser Orientierungsversuche auf verweilendes
Bedenken eines biblischen Wortes – vielleicht durch
einen oder mehrere Tage hindurch – angelegt.

,,Wahrlich, wahrlich, ich sage dir: es sei denn, daß einer von oben geboren werde, so kann er das Reich Gottes nicht sehen", so erwidert Jesus (der Text sagt ausdrücklich ,,erwidert") dem Nikodemus, bevor der überhaupt eine Frage gestellt hat (Jo 3,3). Sein Kommen in der Nacht zu Jesus ist diese Frage.

Es gibt Fragen in uns, die viel tiefer liegen, als daß wir selbst sie gleich wüßten oder gar in Worte zu fassen wüßten. Wir suchen Rat bei jemand und überlegen, was wir ihm Gescheites sagen und womit wir Eindruck auf ihn machen könnten, und dann kommt am Ende sehr anderes heraus.

Nikodemus hatte sich für diesen nächtlichen Besuch die Gesprächsthemen sicher zurechtgelegt. Und für eine theologische Diskussion hatte er einiges Rüstzeug parat. Das verbindliche Wort, mit dem er sich einführt: ,,Meister wir wissen, daß du ein gottgesandter Lehrer bist", will wohl auch zu verstehen geben, daß er sich in Reich-Gottes-Fragen nicht als Laien erachtete.

Aber Jesus wartet die Fragen gar nicht erst ab, die Nikodemus in petto hat, sondern eröffnet selbst das Gespräch, und zwar mit einem Wort, das sofort an den innersten Grund dieses Mannes rührt, an die verborgene Daseinsunruhe und -not, die ihn den Weg durch die Nacht zu Jesus nehmen ließ. ,,Wahrlich, wahrlich, es sei denn, daß einer von oben geboren werde, so kann er das Reich Gottes nicht sehen." Der da mit Fragen kam, wird in diesem Wort gleich zu Beginn zum Gefragten, zu einem seiner ganzen Existenz nach in Frage Gestellten.

Unser Heilsweg beginnt nicht damit, daß wir Fragen an

die Theologie haben, wenngleich diese dann später auch ins Spiel kommen dürfen und müssen, denn der Mensch bleibt von Wesen ein Frager, sondern damit, daß wir uns von Gott in Frage stellen lassen. Und an diesen Beginn müssen wir wohl immer wieder zurück; denn unsere Fragwürdigkeit verlieren wir gar zu gern aus dem Gespür.

Nikodemus sucht das Heil, darum sucht er Jesus auf. Dieses Heil, so hört er nun, ist ein Ereignis von oben her, nicht eine Leistung vom Menschen her. Gelehrsamkeit, Schriftkenntnis, Gesetzestreue, das alles läßt nicht in das Reich Gottes eingehen. Wenn einer das Königtum Gottes zu sehen bekommen soll, so muß es einen völlig neuen Anfang mit ihm nehmen. Und dieser Anfang ist nicht in seine eigene Hand gegeben. Wenn da beim Menschen etwas gefordert ist, dann der Verzicht darauf, diesen Anfang selbst in die Hand zu bekommen. Er ist so sehr Geschenk, wie die Geburt eines Wesens, das sich in nichts sich selbst verdankt; ja, dieser neue Anfang *ist* eine solche Geburt. Alle Chancen, die Nikodemus in seinem geistlichen Stand, seinem Wandel, seinem Wissen und der darin eingeschlossenen Überlegenheit zu besitzen glaubt, muß er erst drangeben, statt zu vermehren, was diese Überlegenheit nährt. Jede Form von Anspruch verfehlt ein Geschenk, dessen Wesen es ist, daß es aus der Freiheit der göttlichen Liebe kommt. Erhofft, erwartet werden kann es nur von dort her, von oben, nicht im Hinblick auf das eigene Ich und seine Leistung – das ist genau die falsche Blickrichtung –, sondern gerade im Absehen von sich selbst.

Das Nikodemusgespräch soll uns als Vorwort dienen zu ausführlicherem Erwägen seiner Parallele im Matthäusevangelium.

Da kommen Jünger zu Jesus mit einer Frage, der gewiß ähnliche Vorstellungen zugrunde lagen, wie sie jener Ratsherr mitbrachte – für ihn ging es um den Eingang ins messianische Reich, für die Jünger um den Platz in diesem Reich –: „Wer ist wohl der Größte im Himmelreich?" – „Da rief Jesus ein Kind herbei, stellte es mitten unter sie und sprach: Wahrlich, ich sage euch, wenn ihr euch nicht bekehrt und werdet wie die Kinder, so werdet ihr niemals in die Himmelsherrschaft hineinkommen. Wer sich also klein macht wie dieses Kind, der ist der Größte in der Himmelsherrschaft" (Mt 18,1–5; vgl. Mk 9,33-37. 10,15).

Die Jünger sind völlig beschäftigt mit dem Vergleich ihrer Chancen im kommenden Reich, mit Komparativen und Superlativen. Der Hinblick auf die Stellung in Gottes Königtum ist bei ihnen zugleich der Rückblick auf das Ego und der Seitenblick auf den Nebenmann. Worin übertreffe ich ihn und mich selbst? Welche meiner Leistungen, Mühen, Opfer, Fähigkeiten, Tugenden zählt mehr?

Man muß sich in die schockierende Paradoxie der Auskunft, die ihnen zuteil wird (und die uns schon allzu geläufig ist) erst einmal wieder hineindenken.

Die Frager befinden sich mit einemmal einem von der Straße herbeigerufenen ungewaschenen kleinen Kind gegenüber, und im Hinblick auf dieses Kind wird ihnen – mit jenem ‚Wahrlich', das Jesus an die Spitze eines Satzes zu setzen pflegte, wenn es um die letzten Dinge ging – versichert, ihre Bekehrung stehe überhaupt noch aus, und sie habe sich an einem solchen Kinde zu orientieren.

Sie selbst als Plätzeverteiler sehen sich also vor die Tore des Reiches gestellt, in dem sich dieses gänzlich bedeutungslose Etwas, das nichts aufzuweisen hat als seine fragend und erwartungsvoll zu Jesus aufschauenden Augen, bereits befindet, ja, jenen Inbegriff von Größe darstellt, nach dem sie fragen. Drastischer konnte die Blickwende nicht sein, zu der Jesus sie – und uns – nötigte.

„Wenn ihr euch nicht bekehrt ..." Die Aufforderung zur Umkehr stand am Beginn der Verkündigung des nahenden Gottesreiches durch den Täufer und durch Jesus selbst. Hatten die Jünger ihr nicht längst entsprochen? Hatten sie nicht alles verlassen und waren Jesus nachgefolgt? Waren ihre Anwartschaften auf die Teilhabe an seinem Königstum nicht bereits gesichert? Und gab es auf dem Wege zu dieser Teilhabe eine bessere Orientierung als die am Meister selbst? Und nun rückt ein Kind an die Stelle, wo er für sie stand!

Welch merkwürdige Gleichsetzung! Und der folgende Satz unterstreicht sie noch: „Wer ein solches Kind in meinem Namen aufnimmt, der nimmt mich auf."

Sich bekehren, das hieß bisher für sie: werden wie Jesus. Und nun: werden wie ein Kind?

Aber wenn ein Widerspruch für sie darin lag, dann hatten sie bis dahin wohl etwas Entscheidendes im Wesen Jesu noch gar nicht wahrgenommen.

„So lange bin ich schon bei euch, und ihr habt mich noch nicht gesehen?", so lautet Jesu Vorwurf im Evangelium des Johannes ... Man ‚sieht' ihn nicht, solange man ihn nicht mit den unbefangenen Augen des Kindes sieht; das bedeutet aber: in dem Verzicht darauf, die eigenen ehrgeizigen Vorstellungen von Größe in das Schauen Jesu hineinzutragen – was wiederum nicht denkbar ist, ohne daß man selber erst wie ein Kind *wird;* der Kindesblick ist ja Ausdruck eines Grundverhaltens. Mit anderen Worten: nur das ‚Kind' sieht den Sohn.

Eine Wahrheit, in der es schlechthin um unser Heil geht, sollte man nicht auf sich beruhen lassen. Auch wird es uns sehr bewegen müssen, daß Jesus sie denen, die nach dem Gottesreich fragen, nicht nur sagt, sondern daß er – mit der Geste des Propheten, der um das Ausweichen des Menschen vor der Konkretion weiß – das Kind so ausdrücklich und nachdrücklich in ihre (und unsere) Blickmitte rückt. Darin liegt offenbar doch die Aufforderung, dem Kinde mehr als den flüchtigen Blick des Erwachsenen zu gönnen, der nur dieses oder jenes an ihm feststellt, es vielmehr auf die in ihm gegenwärtige Gottesherrschaft hin anzuschauen.

Worauf werden wir da aufzumerken haben? Auf all jene Züge kindlichen Grundverhaltens – mögen sie in bestimmten Kindern unserer Umgebung je nach der Altersstufe auch nur hier und da noch durchdringen –, denen wir im Leben Jesu, aber auch anderer ‚Söhne des Lichtes’, auf der Stufe der Reife und Bewußtheit wiederbegegnen.

Dann aber kann die Orientierung am Kinde uns helfen, das Evangelium tiefer zu verstehen, uns seinen Verheißungen neu und williger zu öffnen, den anfangenden und vertrauend aufschauenden Menschen in uns selber wieder zu entdecken und die Bereitschaft zur Selbstüberschreitung auf jenes größere Du hin, das uns ins Dasein rief, im eigenen Herzen zu erneuern.

Der Mensch ist Offenheit für die Unendlichkeit Gottes. Zunehmen an Jahren und Gnade bis zur Altersreife, das bedeutet nach der Schrift: durch alle schöne und bittere Erfahrung hindurch jenes Maß und jene Gestalt von gläubiger Aufgeschlossenheit für das Geschenk zu gewinnen, das uns Gott mit sich selbst gemacht hat und macht. Das geschieht aber wohl nur so, daß einer immer wieder zum Anfänger wird, als ob er nie begonnen hätte, und zunehmend danach dürstet, daß Gott den neuen Anfang mit ihm mache, und er ihn endlich widerstandslos mitvollziehe. „Brüder, laßt uns endlich anfangen", so hieß das letzte Wort des heiligen Franz von Assisi.

Es gibt auch das Steckenbleiben im Anfang, die Verweigerung der neuen Anfänge. Das bedeutet im Gefolge dann Unernst und Unreife im Verhältnis zu Gott und Welt. Auch dafür dienen Wesenszüge des Kindes in der Bibel als Gleichnis. Das mag uns einmal mehr sagen, daß es in Mt 18,3 nicht um eine Art Rückkehr zum Kinde geht.[1]

[1] Nicht wenige Erwachsene empfinden einen Widerstand gegen die Vorstellung, daß bestimmte Grundhaltungen des Kindes als des anfangenden Menschen für sie eine prototypische Verbindlichkeit bekommen und behalten sollen. Diese Verbindlichkeit ist darin begründet, daß der Mensch in seiner Jetztexistenz auch als Erwachsener keineswegs bereits zur Endgültigkeit seines Menschseins gelangt, sondern bis zum Tod ein Werdender bleibt, einer, der seinen eigentlichen und alles entscheidenden Anfang noch vor sich hat.

Wir leben hier – im Mutterschoß unserer irdischen Geschichte – eine Art Vorleben, dessen Sinn und Ziel am Tag der Parusie wie in einer zweiten Geburt offenbar werden wird. (Entsprechend versteht Paulus die Leiden dieser Welt – ihre sinngebende Mitte ist die Passion Christi und die Teilhabe seiner Jünger an ihr – als Wehen, die diese Geburt vorbereiten und einleiten: Röm 8,22; Jo 16,21 f.) Zweimal erblicken wir das ,Licht der Welt': bei der ersten natürlichen Geburt seinen irdischen Abglanz, bei der Parusie es selbst. Daß dieses zweite Auftun der Augen von uns als Beseligung erfahren wird und unsere endgültige Verähnlichung mit dem Geschauten bewirkt, wird im jetzigen Leben grundgelegt durch die Glaubensgnade, die Wiedergeburt ,von oben' (deren äußeres Zeichen die Taufe ist); sie gibt unserem Leben die Richtung *nach* oben, sie hat auch zur Folge, daß eine beständige Sehnsucht nach dem völlig neuen, reinen Anfang uns zuinnerst bedrängt. Daraus geht dann entsprechende Einübung hervor: ein immer neues Sichöffnen und immer tieferes Offenwerden für den Anruf zur Selbstüberschreitung auf das

Werden wie ein Kind? Ja, – nun jedoch auf der Ebene der Erkenntnis, der wachen Verantwortung und des Ernstes der Entscheidung. „Man muß erwachsen und mannhaft sein, um ohne Gefahr völlig ein Kind sein zu können, so wie man stark sein muß, um unendlich zart sein zu können, weise, um ein Tor sein zu dürfen" (Madeleine von Jesus).

Licht hin, das unser Daseinsziel ist; ein zunehmendes Erkennen auch der inneren Notwendigkeit des Neuanfangs, denn wachsendes Glaubenslicht bedeutet auch immer intensiveres Erfahren des Dunkels dieser Welt, zumal im eigenen Versagen.

In unserem jetzigen Leben geht es also immer schon um den kommenden Anfang der ewigen und seligen Existenz. Die Gnade des Christwerdens empfingen wir voraussetzungslos. Die endgültige Verähnlichung mit Christus soll auf Grund dieser Gnade (unserem Personsein, unserer Freiheit entsprechend) von uns selbst mitverantwortet, eingeleitet und vorbereitet werden, in immer neuen Anfängen vertrauender Hingabe und Anheimgabe an das wirkende Licht, die ebenso viele Vorentscheidungen für die Endentscheidung der Ganzhingabe sind.

Der Ernst des Wortes Mt 18,3 kann von daher abermals einsichtig werden: Das Kind, das aus sich selbst noch nichts anderes gemacht und sich selbst noch nichts anderes vorgenommen hat, als was ihm zugedacht wurde, ist Prototyp des *anfangenden* Menschen, die Gestalt der vertrauenden und bruchlosen Offenheit für das Angebot des größeren Lebens, Prototyp der Offenheit nach oben, noch leuchtender Entwurf von „lebendiger Hoffnung". Seine Offenheit stellt sich dar und faltet sich aus in bestimmten Grundhaltungen. Diese im Hinblick auf das kommende Leben, auf *den Kommenden* in den verschiedenen Altersstufen auf eine je entsprechend abgewandelte Weise zur Aktuierung und damit zur immer entschiedeneren, den ganzen Menschen prägenden Durchformung zu bringen, ist dem heranreifenden Menschen aufgegeben, wenn er in das Reich Gottes eingehen will. Dabei wiederholt sich je neu der Vorgang der ersten Geburt, wie sich andererseits auch die zweite vorverkündet: Durchbruch vom Dunkel ins Helle, Lassen von Bisherigem, je neues Schauen von Licht, Leben aus Sterben, das Geheimnis der ‚engen Tür'.

Weil unsere Überlegungen um ein Wort kreisen, das nur ein Entweder-Oder kennt, das Bekehrung fordert, und davon Heil oder Unheil abhängig macht, ist darin nicht die Rede von Entwicklungen, von Übergängen und Zwischenstufen, darum auch nicht von psychologischen und pädagogischen Problemen, sondern von gegensätzlichen Wesensbestimmtheiten. Die Genesis der Bekehrung hat ihr Modell in der biblischen Schöpfungsgeschichte (vgl. 1 Gen 1, 1–5 und 2 Kor 4,6). Dem „Es werde Licht!" der Glaubensgnade folgt im begnadeten Menschen sofort die Scheidung von Licht und Finsternis: Erkennbarkeit und Erkennen der Abgrundtiefe des Gegensatzes der Bereiche Leben und Tod, Heil und Unheil, Seligkeit und Verlorenheit, „Oben" und „Unten" in der johanneischen Sprache. Diese Scheidung drängt auf Entscheidung und bewirkt sie. Ohne daß der Mensch sich entscheidet, geht er nicht in das Reich Gottes ein. Also nicht dadurch, daß er sich entwickelt, sondern dadurch, daß er wählt. Bekehrung ist Entscheidung aus Glauben, Entscheidung für den Ursprung als Ziel; ist Wahl des Weges, der zur Wiedervereinigung mit dem Ursprung führt (im Gleichnis: die Umkehr des verlorenen Sohnes zum Vater). Ist sie grundsätzlich und grundlegend geschehen, so muß sie in den praktischen Vollzügen des Lebens durchgehalten, das aber bedeutet auf allen Entwicklungsstufen immer neu aktualisiert werden. Unsere tiefste Gefährdung bis zur Endentscheidung und Vollendung bleibt der Rückfall in die Unentschiedenheit, in den Unglauben. Darum konfrontiert uns die Offenbarung vom ersten bis zum letzten Buch der Schrift mit den Existenzantithesen und der Notwendigkeit der Wahl. Unsere wichtigste Aufgabe in dieser Welt ist, biblisch gesehen, die Entscheidung für den Ursprung, aus Glauben, nicht für die Entwicklung, die keiner Glaubensentscheidung bedarf. Wird die Entwicklung selbst zu diesem Entscheidungsinhalt, wird sie selbst also zum ‚Weg', so ist das die Loslösung vom Ursprung.

Die Entwicklung als ‚Weg' ist Weg in den Abgrund. Sie ist Erde ohne Himmel, sie hat etwas Seelenmordendes, sie ist Kain, der den Abel erschlagen hat, und der nun wie gejagt ist, sein Leben wird Selbstbehauptung und Angst. Wer nicht mehr auf einen Lebenssinn hin lebt, verfällt den flüchtigen Lebenszwecken. Aus der kainitischen Existenz entsteht die sich potenzierende Dynamik der Zweckwelt, einer fortschreitend technisierten und manipulierten Gesellschaft mit dem Ziel der Überbietung des Anderen, der je größeren Macht. In ihr wird die Besinnung auf den Ursprung für den Einzelnen immer schwieriger, das Existenzziel immer vager.

Zum Ursprung führt nur Bekehrung, das heißt aufs erste: Abbruch der Entwicklung als ‚Weg'. Was bisher Entwicklung war, beginnt dann neu. Es gibt sie auch weiter, aber nicht länger als das, was sie war: Sorge für den morgigen Tag. Sie wird jetzt das Hinzugegebene, sie ist nicht mehr selbst thematisch.

Bekehrung ist Suspendierung der Angst, Erlösung vom Mythos der eigenen Unabkömmlichkeit, Rückkehr zum Vertrauen.

Bei den nun folgenden Hinweisen und Betrachtungen
möchten wir so vorgehen: jedem unserer Hinblicke auf
das Kind[2] (A) folgt zunächst eine Stille, danach versuchen
wir, in der biblischen Weisung oder im Leben Jesu wie
auch anderer Gestalten des Evangeliums wiederzufinden, was wir am Kinde wahrnehmen (B). Daraus erge-
ben sich dann jene Konsequenzen für unsere eigene Existenz, auf die das Wort drängt: „Wer sich also gering
macht wie dieses Kind, der ist der Größte im Himmelreich." (C)

Nicht jedes der kurzen Kapitel enthält ausgeführte Meditationen. Auf manchen Seiten findet sich nur ein als
Tagesthema gedachter Orientierungsanstoß. Das Ganze
ist durchweg Fragment, offen für weitgehende Ergän-
zung durch eigene Beobachtung und Erwägung.

Die buchgraphische Anordnung des Textes lädt ein zu
dem notwendigen Verweilen und läßt Freiraum für No-
tizen.

[2] Auf das *kleine* Kind; „in meinem Himmel wird es höchstens
Augen von Fünfjährigen geben", läßt Michael Quoist Gott in
einer Paraphrase zu unserer Schriftstelle sagen.

I

AUFBLICK

A Das Kind schaut auf.
Das ist das Kindlichste am Kind: seine Blickrichtung. Die Jünger bewegten sich mit der
Frage „Wer ist der Größte im Himmelreich?"
in der spezifisch diesseitigen Welt der Verglei-
che, wo das, was oben sein möchte, vom Blick
nach unten lebt, das Mehr des einen vom Weniger des anderen.
Die Erwartung des Kindes ist über ihm, nicht
unter ihm. – Der Becher seines Daseins ist offen
nach oben hin. Von dort her kommen seine Er-
füllungen. Und es verschüttet noch nichts vom
Hineingegebenen. Es ist noch nicht schräg ge-
neigt. Erst recht nicht kommt es auf den Gedanken, den Becher umzuschütten, um aus Eigenem anderes hineinzutun. Alles läßt es sich
geben. Und im je Gegebenen schenkt sich ihm,
weil es aufschaut, das Licht, es leuchtet davon.
Kinder strahlen – von Geschenk.

B 1 Der Aufblick ist *die* Blickrichtung Jesu.
„Die Augen gen Himmel erhoben, sagte er
Dank, segnete und gab." Dieser in der Feier des
Brotbrechens zentrale Satz enthält die Inbe-
griffe des Wesens und der Sendung Jesu. In den
Aufblick zum Vater (s. Mt 14,19; Jo 11,41;
17,1) nimmt Jesus alles Geschaffene hinein,
alles, was der Vater ihm gibt. Und es gibt nichts,
was er sich nicht vom Vater geben ließe:

Seine Worte: ,,Das Wort, das ihr hört, ist nicht mein, sondern des Vaters, der mich gesandt hat" (Jo 14,10; s. auch Jo 8,26; Jo 8,38; Jo 7,16).

Seine Werke: ,,Ich tue die Werke, die der Vater mir gegeben hat, daß ich sie vollbringe" (Jo 5,36).

Seine Ehre: ,,Wenn ich mich selbst ehre, ist meine Ehre nichts; mein Vater ist es, der mich ehrt" (Jo 8,50.54).

Die Macht des Pilatus über ihn – Fesselung, Geisselung, Dornenkrönung, Annagelung an den Kreuzesgalgen: ,,Du hättest keinerlei Macht über mich, wenn sie dir nicht von oben gegeben wäre" (Jo 19,11).

Seine Jünger und alle Erlösten: ,,Alles, was der Vater mir gibt, das kommt zu mir" (Jo 6,37).

Seine göttliche Vollmacht:,, Mir ist gegeben alle Gewalt im Himmel und auf Erden" (Mt 28,18).

Jesus ist die reine Offenheit nach oben; er ist es für die ganze Welt. Diese Offenheit ist zugleich Danksagung, Segnung, d. i. liebende Bejahung des Vaters und alles dessen, was vom Vater und für den Vater ist, Hingabe an Gott und die Menschenbrüder mit der ganzen strahlenden Existenz.

B 2   Phil 2,3: „Ohne Sucht nach Einfluß und Ansehen blicke einer in Demut zum anderen auf, und seid nicht auf das Eigene, sondern auf das des anderen bedacht."

C   Wir sollten versuchen, jene Stellen in unserem Leben zu erkennen, wo wir nicht mehr aufschauen. Es sind genau die, an denen wir in unserem Heil gefährdet sind.

Diese Stelle kann etwa ein Mensch in unserer Nähe sein, dessen Weniger längst zu unserem Mehr gehört. Gewohnheitsmäßig verhalten wir uns ihm gegenüber einseitig als die Gebenden oder als die Fordernden, wir gewahren nicht unsere Angewiesenheit auf ihn, wir lassen ihn kaum je erfahren, daß er uns etwas bedeutet. Wir sehen uns über ihm, nicht unter ihm.

Diese Stelle kann auch irgendein anderer Bereich unseres Lebens sein, ein Gegenstand unseres Besitzes oder unseres Verlangens. Wir sind nicht mehr frei, ihn aus einer liebend gebenden Hand entgegenzunehmen oder ihn gar in diese Hand zurückzulegen. Verborgen ist unsere Haltung in diesem Bereich die des danklosen Zugriffs, der Bemächtigung.

A Kinder strahlen. Wovon? Vom Umgang mit dem Licht. Weil sie aufschauen. Oben ist es hell und weit. Hell und weit, so ist auch das Kindergesicht. Was einer mit dem Herzen sucht und schaut, das schreibt sich in sein Angesicht. Das Licht schenkt sich in den hinein, der es sucht, und er leuchtet davon. Wer die Welt erwartend im Licht sieht, dem schenkt sich das Licht der Welt. Schauend holt er es in sich hinein, gelangt er zu ihm hinüber. So ist die kommende Welt in ihm schon wirkende Gegenwart. Wer sein Leben oben hat, der ist seinem Daseinsansatz nach schon von oben. Es ist nicht die Leere des Wartens, die sich dem Gesicht des Kindes einschreibt – die gibt es erst bei denen, die das Licht aus dem Auge verloren –, sein strahlendes Hoffen geht hervor aus der Seligkeit von schon Gewährtem.

Kinder sind Offenheit und Erfülltheit in einem, ,,lebendige Hoffnung'', zu der wiedergeboren werden müssen, die ihre Kindheit verloren (1 Petr 1,3).

B 1 ,,Wahrlich, wahrlich, ich sage euch, wenn einer nicht von oben geboren wird, so kann er das Reich Gottes nicht sehen'' (Jo 3,3).

,,Er entgegnete ihnen: ihr seid von unten, ich bin von oben'' (Jo 8,23).

B 2   ,,Wenn einer sich zum Herrn bekehrt (die Wende zum ,Licht der Welt' vollzieht), so spiegelt er mit aufgedecktem Antlitz den Lichtglanz des Herrn und wird in das gleiche Bild verwandelt von Glanz zu Glanz" (2 Kor 3,18).

,,Ihr habt euch von den Götzen weg zu Gott bekehrt..., um seinen Sohn vom Himmel her zu erwarten, den er von den Toten erweckt hat..." (1 Thess 1,10).

,,Wir wissen aber, daß wir Ihm ähnlich sein werden, wenn er erscheint, weil wir ihn schauen, wie er ist..." (1 Jo 3,2).

Bekehrtes Leben erscheint in diesen Texten als Blickwende nach oben, in einer Erwartung, die darin gründet, daß die Erfüllung schon begonnen hat.

B 3   Auf die gleiche Wende geht es hinaus in der Geschichte der Heilung des Gelähmten an der Schönen Pforte des Tempels durch Petrus und Johannes (Apg 3,1–10):
Dieser auf der Erde hockende Mann, Bild des gefallenen Adam, schaut in die Richtung des Geldes am Boden, mit dem sein bißchen Leben und Zukunft identisch geworden ist. Der Geber interessiert ihn nicht, sondern die Gabe. Der unerwartete Befehl: Sieh uns an! läßt ihn nichts anderes erwarten als einen weiter geöffneten Beutel. Aber nun trifft sein Blick auf ein reines

Antlitz der Liebe. Was sich da für ihn ereignet und wie ein Blitz vom Himmel in seine Finsternis leuchtet, ist die Konfrontierung mit dem „Licht der Welt", das die Jünger als Sendboten Jesu sind, und das ihr Auge verstrahlt.

„Petrus fuhr fort: Silber und Gold habe ich nicht; was ich aber habe, das gebe ich dir: im Namen Jesu Christi von Nazareth: geh! Dabei faßte er seine Rechte und richtete ihn auf, und sogleich kam Kraft in seine Füße und Gelenke, er sprang auf, stand auf den Füßen und ging umher: dann begleitete er sie in den Tempel, bald gehend, bald springend, und lobte Gott."

Die Worte „Silber und Gold habe ich nicht" sind die Prüfung des Mannes. Er könnte sich auf der Stelle wieder abwenden von Leuten, die ihm in dieser Hinsicht nichts zu bieten haben, dann erwiese er sich als festgelegt auf den Bereich unten, er hätte „die Finsternis lieber als das Licht" (Jo 3,19).

Aber sein Gesicht bleibt nach oben gewandt. Damit überschreitet er sich und seinen engen Lebensraum und seine Erwartung nach oben hin. So kann ihn die Kraft ergreifen, die von oben kommt, die nicht etwas, sondern jemand ist: der sich schenkende Herr, der ihm nicht abgibt, sondern der sich ihm selbst gibt, und der ihn so zu einem neuen Wandel im Lobpreis Gottes befähigt. „Bald gehend, bald springend lobte er Gott." „Im Namen Jesu" – von der göttlichen Hingabe erreicht – wird er selbst ein an Gott Hingegebener.

C In welche Richtung schaut unser Leben?
Was wir im Auge haben, das prägt uns, dahin-
ein werden wir verwandelt. Und wir kommen,
wohin wir schauen. Wer aufschaut, nach oben;
wer herabschaut, nach unten.

A Weil das Kind ganz nach oben orientiert ist, ganz dem Licht gehört, ist es *ganz Auge*.

Es nimmt seinem Schauen noch nichts weg durch den Rückblick auf sich selbst, durch den Seitenblick auf den Nebenmann.

In sein Sehen der Menschen und Dinge trägt es nicht eine vorgefaßte Absicht hinein. Sein Blick ist still, objektiv, unvoreingenommen. Darum sieht es den Glanz der Dinge, den Glanz ihrer Herkunft, und ihre Verbundenheit, sieht wie ein jedes ausgreift zur Mitkreatur.

B 1 „Besungen wird dein Glanz am Himmel von der Kinder und Säuglinge Mund" (Ps 8).

B 2 Das Schauen Jesu: „Schaut die Vögel des Himmels . . . euer himmlischer Vater ernährt sie, seid ihr nicht viel mehr als sie?" (Mt 6,26)

„Betrachtet die Lilien des Feldes . . . Gott kleidet das Gras des Feldes, wieviel mehr euch!" (Mt 6,28)

„Hebt eure Augen auf und schaut die Felder, sie sind schon weiß zur Ernte!" (Jo 4,35)

Jesus schaut den Zusammenhang alles Geschaffenen mit seinem Ursprung und Ziel, mit Welt,

Leben, Tod, Gegenwart und Zukunft – im je Einen das Ganze. Und er fordert uns auf zu gleichem Schauen mit dem Wort: „Hebt eure Augen auf!"

C 1 Das stille, ruhevolle, wartende, vertrauende, absichtslose Sehen des aufschauenden Kindes gehört wesentlich zu unserer Bekehrung.
Die Sehweise des Erwachsenen, der sein Kindsein vergaß und verdrängte, der alles nur unter sich sieht oder sehen will, ist der Zugriff des Auges, ein hastiges zweckbedingtes Erfassen und Festhalten, das dem des Fotoobjektivs gleicht. Das Fotoobjektiv tritt ja in der heutigen Welt vielfach geradezu an die Stelle des eigenen Sehens. Das Schauen ist gar kein Anliegen mehr, sondern das Haben, das Habhaftwerden des Gesehenen, das Darüber-verfügen-können zu irgendeinem Zweck, einem Renommierzweck, einem Unterhaltungszweck, einem Propagandazweck, einem Wissenszweck, einem Industriezweck, einem Machtzweck, einem Geldzweck. So vereinzeln sich alle Dinge, sie verlieren mehr und mehr ihren Zusammenhang; nur das Ineinandergreifen der Zwecke hält sie noch eine Zeitlang zusammen. Wenn es die Zwecke nicht mehr gibt, zerfallen sie. Und damit zerfällt auch der Mensch. Er sieht keinen Zusammenhang mehr, wenn er keine Zwecke mehr sieht, wenn nichts mehr einen

Zweck hat, und so hat er schließlich selbst keinen Zusammenhang mehr, in seiner Sprache heißt das: keinen Zweck mehr.

Das Ganze, den Hintergrund, den Sinn nimmt nur der Absichtslose wahr.

Können wir noch so schauen? Erkennen wir auch darin Nachfolge Jesu? Oder dispensieren wir uns vom Betrachten, weil wir gleich meinen, wir müßten etwas tun? Wir verlören sonst Zeit? Es gibt einen Zeitgewinn, der Ewigkeitsverlust ist. Und es gibt einen Zeitverlust, der Ewigkeitsgewinn ist.

II

GANZHEIT

A In der voraufgehenden Meditation be-
schäftigte uns die Beobachtung, daß das Kind
noch ganz Auge ist. Unabgelenkt von irgend-
welchen vorgefaßten Absichten oder Rücksich-
ten ist es dem je Gesehenen völlig zugewandt,
um es ganz in sich aufzunehmen.

Aus diesem einfältigen Sehen geht nun das entsprechend *einfältige Tun* hervor, die Selbstüberschreitung auf das Gesehene, auf den Gesehenen hin.

Die erstaunliche Tatsache, daß das Kind in wenigen Jahren eine Entwicklung zurücklegt, zu
der die Menschheit als ganze viele Jahrtausende
brauchte, beruht auf dem Wunder einer fort-
gesetzten Transzendierung auf jenes Du hin,
zu dem es hingegeben aufschaut.

B 1 Petrus war ganz Auge in jener Nacht, als
er Jesus über die Wasser kommen sah (Mt
14,22–33). Nur noch ihn sieht er, nichts von
sich selbst, und daraus geht das Wort hervor:
,,Herr, wenn du es bist, dann heiße mich zu dir
kommen über die Wasser!'' Es braucht jetzt für
ihn – wie beim Kinde – nur noch die Zustim-
mung der geliebten und vertrauten Stimme des
größeren Du mit ihrer tragenden Macht – dann
kann er, was er nicht kann, kann er, was Jesus
kann.

Jesus sprach: ,,Komm!'' Und Petrus stieg aus dem Schiff, und ging über das Wasser hin, um zu Jesus zu kommen.

Dann aber ist er plötzlich vernünftig wie ein Erwachsener: er sieht sich selbst und seine Situation – vielleicht fuhr es in ihn: Mensch, was kannst du! Das hieß dann sofort: Du kannst mehr als die anderen!; oder auch: Mensch, was tust du? Das hieß dann: du tust etwas, was du nicht kannst – im selben Augenblick sieht er nach unten, sieht er auf den Wind und die Wogen; er sieht ab von Jesus, er ist kein Kind mehr – und so sinkt er ab.

B 2   Oder Zachäus: er vergißt sein Erwachsensein und klettert wie ein Kind auf den Maulbeerfeigenbaum, um Jesus zu sehen. Ganz Auge ist er, ganz Erwartung, ganz Kind. In diesen Blick hinein schenkt sich der Herr, und aus diesem Geschenk wird das Tun geboren: ,,Herr, die Hälfte meines Vermögens gebe ich den Armen, und wenn ich jemand betrogen habe, so erstatte ich es vierfach.''

Und ist nicht Jesus selbst in dieser Geschichte, wie in allen, in denen von seinem Sehen die Rede ist, ganz Auge? Nur ihn sieht er, den Zöllner, aufschauend zu ihm im Geäst, nur für ihn noch ist er da. Müßte er nicht vernünftigerweise Rücksicht nehmen auf das großartige Aufgebot von Menschen, von Erwartungen und Ehrungen, das da im Gange ist, auf die Tische der Frommen und Vornehmen, die in Jericho schon für ihn gedeckt sind? Auf die gewaltigen Chancen der Predigt, die er jetzt hätte?

Aber es geht wirklich bei ihm wie bei einem Kind, wenn es etwa in einer großen Menge den lange entbehrten Vater oder die Mutter erkennt und nun für nichts sonst noch ein Auge hat: So zählt für ihn niemand und nichts als dieser eine Zachäus, von dem Augenblick an, da er ihn wahrnimmt (als einen, den ihm der Vater gibt). Und während die murrende Menge sich verläuft, sitzt er mit dem Exkommunizierten an einem Tisch und frohlockt, als sei ihm eine Welt geschenkt: „Heute ist diesem Haus Heil widerfahren, weil auch er ein Sohn Abrahams ist!" (Lk 19,1–10)

C 1   Ein erstes Sprengen der Konvention, ein Vergessen des Großseinwollens im Hunger nach der Wahrheit, nach dem Heil – nicht selten ist das der Anfang der Bekehrung, die Gottes Gnadenblick wirkt.

A   Das Kind ist spontan. So unmittelbar geht aus seinem Schauen das Tun hervor, wie aus einer Quelle das frische Wasser. Wäre es anders, wäre sein Aufblick gehemmt durch Rücksicht und Vorsicht, würde es nicht je neu seine größere Möglichkeit verwirklichen.

B   Spontaneität ist das Kennmal der Zachäus-Geschichte. Welch drängende Eile hat alles von dem Augenblick an, da Jesus den Sohn Abrahams wahrnimmt! ,,Zachäus, komm schnell herab, denn heute muß ich in deinem Hause einkehren!'' Eilig kam er vom Baume herunter und nahm ihn mit Freuden auf.
Hätte Jesus sich in das hungrig geöffnete Auge des Sünders zu eben dieser Stunde (da der Vater es ihm auftat) nicht sogleich und ganz hineingeschenkt, hätte er erst klug disponiert, hätte er – alle Chancen, die dieser Tag bot, abwägend und ausnutzend – sich etwa für den folgenden Morgen bei Zachäus angesagt, wer weiß, ob der Heilshunger dieses Mannes bis dahin nicht längst wieder einem anderen Hunger gewichen wäre, ob dieses Auge sich noch einmal aufgetan hätte, wie in dem Blätterdach jenes Baumes!
Hätte Zachäus mit der Hingabe seines Reichtums gewartet, bis Jesus gegangen war, um sich erst in Ruhe zu überlegen, wieviel er vernünf-

tigerweise wohl hergeben konnte, so hätte er
vielleicht noch ein Viertel oder ein Achtel seines
Vermögens gegeben (in dankbarer Erinnerung
an den Besuch des Rabbi); und denen, die er
betrog, hätte er nicht das Vierfache erstattet,
sondern zum Geschuldeten vielleicht noch einen
kleinen Reuezins hinzugelegt; er hätte, was er
gab, nach der Gewohnheit verglichen mit dem,
was andere gaben, und es wäre ihm sicher so
vorgekommen, als hätte er viel gegeben . . .
Aber Zachäus nimmt den Augenblick wahr, den
Augenblick Jesu; unter diesem liebenden Auge
kann er, was er eigentlich nicht kann, wie Petrus in der Nacht auf dem Wasser: Er verläßt
seine bisherige Welt, wie jener das Boot, er hört
auf zu zählen; die Zahlen, die er jetzt nennt,
sind (in seiner Sprache freilich) nichts als Ausdruck dafür, daß er nicht mehr zählt, sind kein
Selbstruhm, sondern staunendes, stammelndes
Geständnis eines Wunders (bei dem das Kamel
durch das Nadelöhr kam), des Wunders der
Selbstüberschreitung, bei dem er selbst tausend-
mal mehr der Beschenkte als der Schenkende
war.

C I Was also ist von uns gefordert? Die Bekehrung zur Spontaneität gegenüber dem Licht, der
wache Glaube an Gottes Heute und Jetzt, an
Seine Stunde, in der das Unerwartete geschenkt
wird und geschehen will, das Unmögliche möglich wird.

Es wäre sehr viel mehr Licht in unserer dunklen Welt, wenn wir ganz anders mit den Eingebungen Gottes rechneten, sie ersehnten und das durch sie Nahegelegte ohne Zögern verwirklichten.

Es gibt manchen, der am Morgen das Herz hätte, ein halbes Vermögen herzugeben. Am Abend hat er nur mehr das Herz für ein paar Groschen.

Am Morgen könnte ich endlich den guten versöhnenden Brief schreiben, der schon so lange fällig war. Wenn ich bis zum Abend warte, schreibe ich an die gleiche Adresse vielleicht einen bitterbösen Brief.

Mit der Klarheit und Kraft, die jetzt zu mir hindringen, könnte ich jenen Faden zerreißen, der längst zerrissen gehört, weil er nicht Gottes Ja hat, den Aufblick zu ihm und die Freiheit hindert: tu ich es nicht – am Abend knüpfe ich diesen Faden noch fester.

Oder: heute noch könnte und sollte ich im Lichte der Wahrheit, die meinen innersten Grund erhellt, jene Schuld bekennen, die im Dunkel des Unausgesprochenen mein Wesen nach und nach zu vergiften droht, und die mich zum Heuchler macht, wo ich gehe und stehe, das wäre endlich der Durchbruch aus meiner verborgenen Isolierung: zum Du des Bruders und Gottes hin. Schieb ich es auf, warte ich wieder, entzieht sich mir beides: mit dem Erkennen auch die Kraft des Bekennens: Alles wird wieder flächig, ich erkannte den Herd und sehe jetzt nur noch ein paar dumme Symptome.

Und von Schuld und Vergebung weiß ich mit einem Mal nur mehr so viel, daß es gerade meine Haut ritzt.

Es gilt, die Segel zu setzen, wenn der Wind bläst, sonst tritt wieder Windstille ein. Es gilt zu entbrennen, wenn Gottes Feuer zünden wollen, sonst hat man dieses Feuer wieder mit der Asche seiner Ängste und Süchte und all ihren Vorwänden zugedeckt. – Wer aufschaut, das Licht sucht, hat nur einen Gesichtspunkt, in ihn ordnet sich alles ein. Wer erst wieder in die andere Richtung sieht, dem werden sich hundert Gesichtspunkte aufdrängen, die das Wagnis als Narrheit erscheinen lassen. Und diese vielen Gesichtspunkte werden den einen, allein wichtigen, rettenden, den, der die Selbstüberschreitung ermöglicht hätte, wieder verdrängen.

C 2 Es gibt auch eine Spontaneität nach unten, ein Sichfallenlassen aus der Mitte heraus in die Peripherie nach dem Gesetz der Schwere. Die nach oben ist ein innerstes Frei- und Schwereloswerden, das den ganzen Menschen durchlichtet, die nach unten ist ein den ganzen Menschen aufspaltendes, verunklärendes und beschwerendes Reagieren und Dominieren eines seiner Triebe.

Die nach oben ist wie ein aufstrahlender Morgen, ein fröhliches Lächeln, in der nach unten ist Reißendes, Scharfes, Gieriges oder Dumpfes, Stumpfes und Träges; die eine erlöst, die andere verkettet.

41

MIT DER GABE BEGINNEN,
NICHT MIT DER AUFGABE

A   Das Kind sieht uns Größere als Gabe, nicht sich. Es weiß sich mit uns beschenkt, es erwartet von jedem Wesen Bereicherung. Es hält sich nicht für so groß, daß es selbst eine Aufgabe an uns habe.

Die Aufgabe, die es in Wahrheit an uns hat, erfüllt es wie von selbst dadurch, daß es sich uns Gabe sein läßt. Diese Gabe erwidert es: mit sich selbst. In seiner Freude macht es sich selbst uns zur Gabe. Und da zeigt es sich, welche Aufgabe es an uns hatte, eine größere, als irgendein Großer sie haben kann: uns zum Lächeln und Lieben zu bringen, unsere Kapsel zu sprengen, uns zu helfen, daß wir uns endlich ein wenig selbst vergessen. Wer kann uns einen größeren Dienst tun? Und wer sonst bringt das fertig? Die Bejahung durch ein Kind, das uns in die Arme läuft, hat etwas Schrankenloses, darum Schrankensprengendes, Erlösendes. Sich selbst gibt als Lösegeld, wer liebend von sich selbst gelöst ist.

B 1   Geschichte zweier Beschenkter: Mariä Heimsuchung Lk 1,39–56. Maria eilt zu Elisabeth. Um ihr zu helfen, sagt die erbauliche, typisch erwachsene Deutung. Wer den Schriftzusammenhang kennt, weiß, daß Lukas es nicht so gemeint hat. Elisabeth war die Frau eines

angesehenen Priesters; bei der Geburt des Johannes finden sich Nachbarn, Bekannte, Ver-
wandte ein. Es lag für die kleine Magd in Gali-
läa völlig fern zu denken, daß die alte Frau sie
brauche. Warum beeilt sie sich dann, sie auf-
zusuchen? Weil Gott ihr mit dem Hinweis auf
Elisabeth das Geschenk eines Zeichens anbietet,
einer sichtbaren Glaubenshilfe, bestimmt, ihr
auf dem Glaubensweg weiterzuhelfen. Sie weiß
noch nichts über das Wie der Hilfe. Aber ein
Zeichen ist ja dazu da, es wahrzunehmen, dann
wird es zeigen, wozu es gegeben wurde. Mariens
Eile ist freudige Erwartung. Und was folgt, ist
die Geschichte eines Austausches zweier Beschenkter, anhebend mit dem Gruß der Jungfrau: die Ergriffene ergreift ohne das geringste
Vorhaben, und ohne, daß sie selbst weiß um
das Wie.

B 2 Jesus selbst läßt uns erfahren, daß er sich
mit uns beschenkt weiß: ,,Alles was der Vater
mir *gibt*, das kommt zu mir." Er ist angewiesen
auf dieses Geschenk. Für sich ist er ganz arm.
Sein Leben ist Lieben. Aber seine Liebe würde
nicht zum Zuge kommen, es wäre eine un-
glückliche Liebe, würden wir ihm nicht vom
Vater gegeben, als solche, die sich für ihn öffnen
im vertrauenden Glauben.
Die ersten Worte, die Jesus an einen Simon,
einen Nathanael, einen Zachäus richtet, sind
wie ein Aufleuchten der Freude: wie gut, daß
du da bist! Wie schön, daß es dich gibt!

Weiß er nicht, was wir ihn kosten? Der sich für den Treuesten hielt, Simon Petrus, wird am Ende fluchen und schwören: ,,ich kenne den Menschen nicht!" Das wird das Letzte sein, was Jesus vor seinem Tode an ihm erlebt. Aber Jesus läßt ihn nicht fallen, er läßt ihn sich auch weiter Gabe sein, Gabe des Vaters, die er erwidert – mit sich selbst. Die Tiefe der Gabe ist die Vergebung. Indem Jesus für Simon leidet, was er durch ihn leidet, wird er ihn erlösen. Und durch die Vergebung hindurch wird Simon einer von denen werden, die sich durch und mit Jesus zu einer Gabe für Gott und die Brüder vollenden lassen.

C 1 Wer aufhört, Kind zu sein, sieht nurmehr Aufgaben, die er hat. So entspricht es unserm Selbstgefühl, unserem Überlegenheitsdrang, unserm Leistungsehrgeiz.

Unsere Bekehrung: daß wir uns geben lassen, bevor wir selber ans Geben denken. ,,Meine Freude", so begrüßte Seraphim von Sarow, der Heilige Rußlands, alle, die zu ihm kamen.

Es kann sein, daß der in mein Leben Hineingegebene alles andere als eine spürbare Freude ist. Ihn sich dann dennoch geben zu lassen, ihn als Bruder anzunehmen, mit seinen Fehlern zu tragen und auszuhalten, das wäre die Haltung, die sich am Kinde orientiert, und die in der Nachfolge Jesu, im Hinblick auf ihn, möglich wird. In der Schrift ist herzlich wenig die Rede davon, daß wir die Aufgabe hätten, den anderen von seinen Fehlern abzubringen, ihm unsere eigene Art beizubringen, wohl aber, ihn anzunehmen und zu tragen, ihn sich geben zu lassen. Offenbar erweisen wir ihm und uns damit den weitaus größeren und wirksameren Dienst.

C 2 Daß man sich den anderen Gabe sein läßt, darauf allein beruht auch die Möglichkeit eines echten Dialogs. Jeder Gesprächspartner muß sich zunächst einmal vom anderen, so wie er ist, bejaht und angenommen wissen; jeder muß redlich dafür offen sein, daß der andere auch ihm etwas zu sagen habe. Nur so ist heute noch Missionierung denkbar, ja menschliche Gemeinschaft überhaupt. Auch ein Nichtchrist kann bereits durchdrungen sein von wesentlichen Fermenten der Wahrheit, und es kann sein, daß er diese treuer verwaltet und im Leben wahrer verwirklicht als ein Christ seine Erkenntnisfülle. Der barmherzige Samariter im Gleichnis, der Outsider, ist offen für den, der ihn zur Stunde unbedingt angeht, die Vertreter der Offenbarungsreligion sind es nicht. – Der Christ muß voll Erwartung sein, auch die Gaben des Nichtchristen kennenzulernen, bereit, sich durch sie ergänzen, bereichern, belehren, berichtigen zu lassen. Er muß von der Voraussetzung ausgehen, daß der Nichtchrist ihm überlegen sein kann, etwa an Einfalt, Ehrfurcht, Dankbarkeit, Nächstenliebe, echtem

Gottsuchen, und eben dadurch an bestimmten Erkenntnissen; denn man erkennt nur wirklich, was man auch tut. – Nur so, als ein selbstlos Hörender und Schauender kann der Christ seinerseits hoffen, dem anderen die Frohe Botschaft von der Erlösung zu bringen, – als Antwortender, nicht als einer, der selber das erste Wort hat; vom letzten Platz her, nicht vom ersten.

III

WAHRHEIT

A   Solange es aufschaut, also Kind ist, sieht das Kind *die Wirklichkeit als das (von oben) Gegebene.*

Anfangs kennt es den Hiatus zwischen Subjekt und Objekt noch nicht. Wie es das Gesehene in sich einsaugt, ebenso trägt es auch sich selbst in das Gesehene hinein. Erkenntnis ist für ein Kind noch wie in der biblischen Sprache ein Geschehen der Gegenseitigkeit, des Kontaktes.

Sobald es dann aber zwischen sich und der wahrgenommenen Wirklichkeit unterscheidet, stellt es diese in das Gegenüber der Frage. Für ein geistig erwachendes Kind ist kein Ding selbst-verständlich, es findet sie alle staunenswert, darum frag-würdig, es hat den Mut, sie alle in Frage zu stellen, in seine Frage hinein, es befragt sie auf ihr Woher und Wohin, auf ihre Herkunft und auf ihre Verheißung. Und es holt sich die Antwort nach Möglichkeit durch eine noch intensivere Kontaktaufnahme, es zerlegt die Dinge, zerbeißt sie, sucht ihnen buchstäblich auf den Grund zu kommen.

Was es aber nicht antastet, ist ihre Gegebenheit; es verstellt sich weder die Wirklichkeit, noch verstellt es sich selbst: es kennt die Lüge noch nicht.

Die Lüge beginnt im Auge. Sie beginnt damit, daß einer über die Gegebenheit einer Sache (ihr Oben) hinwegsieht, um sie in den Eigengriff (nach unten) zu bekommen. Das ist die Blickwende nach unten. Aus ihr resultiert die Verstellung. In ihr wirft sich einer selbst zur Ursache der Sache auf, er stellt sie und sich dahin, wo sie nicht ist. Die Lüge ist Revolte gegen die Gegebenheit, der Versuch, Gefügtes aus den Fugen zu reißen, Bemächtigung, Eigenmacht.

Aber im Kind ist das Kindliche eine Zeitlang immer noch wahrer als die Unwahrheit, die es jetzt sagt oder tut. Sein Kindliches macht die Lüge offenbar, im Auge, im Gesicht. Weil es aufhörte, aufzuschauen, bleibt sein Blick jetzt gesenkt, wie verhaftet an die Region unten und voll Unruhe nach dem Licht, das es in der Lüge verlor.

Im rechten Gebrauch der Wirklichkeit entdeckt, entfaltet, verwirklicht das Kind die Herrlichkeit des je Gegebenen, es bringt sie ans Licht, und von diesem Lichte leuchtet es selbst. Wenn das kleine Kind (das noch unverwöhnte) einen Apfel ißt, sehen wir den Apfel wie zum erstenmal.

Im Mißbrauch aber der Wirklichkeit, in der Verstellung, wird das Kind lichtlos. Jedoch, weil es noch Kind ist, empfindet es jetzt das Dunkel des Nichtseins, in das es durch die Lüge geriet, und den Verlust des Mitseins, den die Lüge nach sich zieht: Es ist jetzt wie ausgeliefert an das Unwirkliche, wie hüllenlos in der Preisgabe der umhegenden Wirklichkeit. Wenn nun sein Herz lauter klopft, wenn es rot wird unter dem Blick des Vaters, der Mutter, sein Blut sich in alle Poren versprüht, vor allem in Wange und Stirn, dorthin, wo es gesehen ist, so darum, weil

sein Ich, in der Nacktheit ertappt, sich zu verflüchtigen sucht: Aus dem Kerker der Isolierung, in den es durch die Lüge geriet, drängt
es heraus, angestrengt sucht es die Tür wieder
aufzubekommen, die aus dem Dunkel ins Helle,
aus dem Nichtsein ins Dasein, aus dem Alleinsein ins Mitsein, aus der Blöße ins Umhüllende,
aus der Ungeborgenheit in die Geborgenheit
zurückführt. – Was es jetzt unter Tränen erfährt, ist die Wahrheit, daß keiner sich diese
Tür selbst wieder auftun kann.
Seliges Kind, wenn dann endlich von oben die
Liebe kommt, die den Riegel wegzieht, mit dem
es sich selbst von der Liebe, die oben ist, aus-
schloß, wenn es in der Güte des Vaters, der
Mutter, den Gebenden, den es in der Lüge ver-
leugnete, nun als den Vergebenden erfährt!

B „Des Leibes Leuchte ist dein Auge. Wenn
dein Auge gesund ist, dann wird dein ganzer
Leib licht sein. Wenn aber dein Auge krank ist,
dann wird dein ganzer Leib finster sein. Wenn
nun das Licht in dir Finsternis ist, wie groß
wird dann die Finsternis sein!" (Mt 6,22 f.).

„Die Wahrheit wird euch frei machen"
(Jo 8,32).

„Wenn nun der Sohn euch frei macht, dann
werdet ihr wirklich Freie sein" (Jo 8,36).

C 1 Wenn einer, der dem Geist des Kindseins abgesagt hat, als Lügner ertappt wird, so errötet er nicht mehr – er erbleicht: Das Blut in ihm zieht sich zusammen, alles in ihm verengt, verschließt sich in nackter Ichbehauptung (während umgekehrt bei dem, der noch errötet, das Ich sich in Scham verflüchtigen möchte).

Der Erbleichende muß sich fragen, ob er nicht am Ende „die Finsternis lieber hat als das Licht" (Jo 3,18). Das wäre eine abgrundtiefe Gefahr.

Wenn uns das Verfügen über die Fügung geht, wenn uns das Ichsein mehr gilt als das Mitsein, wenn es uns darum nichts mehr ausmacht, Wirkliches und Unwirkliches zu vermengen, um das eigene Ziel zu erreichen, dann empfinden wir schließlich nichts mehr vom drohenden Dunkel des Nichtseins und von der würgenden Enge des Alleinseins. Das ist die Gewöhnung an die Region unten.

C 2 Verendgültigung der Kluft zwischen gelebter Wahrheit und gelebter Lüge im Tode: „Zwischen uns und euch ist eine große Schlucht. Die von hier zu euch hinüber wollten, vermöchten es nicht. Und die dort sind, können nicht zu uns herübergelangen" (Lk 16,26).

A   Das Kind überschweigt auch *die Unwahrheit nicht,* wenn sie in seiner Umgebung geschieht. Weil für sein reines Auge die Unwirklichkeit einfach nicht existiert, bekennt es mitten in sie hinein die Wirklichkeit, sagt oder tut es das entlarvende Wort. Das Licht im Kind weicht noch nicht vor dem Dunkel der Lüge wie bei den erwachsenen Leuten, die zwar noch Licht in sich haben, es aber respektvoll abschirmen, unter den Scheffel stellen, sobald sie sich irgendeinem machtvollen oder glanzvollen oder gescheiten Anschein einer verlogenen Welt gegenübersehen: Weil sie erwachsen sind und die Welt besser kennen als das Kind (die Welt besser kennen, als sie Gott kennen), halten sie die Komplikationen und Schliche der Lüge für mächtiger als das einfache Licht der Wahrheit.

Das Kind ist ein einziger fröhlich respektloser Angriff der Wirklichkeit auf die Unwirklichkeit, so entlarvt es den Unsinn und die Ohnmacht der Unwirklichkeit. „Der Kaiser hat ja nichts an!", so ruft es in Andersens Märchen von des Kaisers unsichtbaren Kleidern, vor denen alle Leute bewundernde Verbeugungen machen.

Mit seiner schuldlosen Offenheit bringt das Kind auch Erwachsene noch dahin, daß sie erröten. Weil diese Offenheit schuldlos und wehrlos ist, wendet sie sich auch an das Kind im Erwachsenen und ruft es hervor. Ein errötender

Großer: einer, der unversehens wieder klein und Kind wurde. Darum hat das Ertapptwerden durch ein Kind für den Unverhärteten zugleich etwas Bekehrendes und Erlösendes. „Onkel, du naschst ja!" Mit diesen Worten wurde ein würdiger Mann von einem kleinen Kind in der Speisekammer ertappt; er hat nie mehr genascht. Wer sein Falsches durch ein Kind verneint sieht, weiß und verspürt doch zugleich, daß dieses Kind ihm sein gläubiges Ja nicht entzieht, und möchte es nicht länger enttäuschen.

Die bekehrende Macht des Kindes beruht auf seinem Jageist. Es entlarvt unser Falsches nicht aus Freude an der Kritik, nicht weil es will, daß das Unten des anderen sein eigenes Oben sei, das Weniger des anderen sein eigenes Mehr; es setzt noch nicht eine größere Finsternis gegen eine geringere wie wir Erwachsenen mit unserem lieblosen Kritisieren, sondern es läßt unser Dunkel nur darum nicht stehen, weil es selbst licht ist und an das Licht in uns glaubt.

B Jesus überschweigt keine Heuchelei. In seinen Weherufen deckt Gottes Ja zur Wirklichkeit alle Unwirklichkeit auf, die sich als Wirklichkeit tarnt: den inneren Schmutz im Gewande der äußeren Reinheit, die Ehrsucht und Machtsucht unter dem Mantel der Frömmigkeit.

Aber Jesu Geist ist reiner Jageist. Sein Nein zur Sünde geht hervor aus seinem Ja zum Sünder, den er nicht richten, sondern retten will. Mit Pharisäern sitzt er so gut zu Tisch wie mit Zöllnern. Und nie legt er eine Sündenwunde bloß, an der Menschen ohnedies leiden, um die sie selbst schon wissen. Nur wo Herzen an der Finsternis festhalten, weil deren lichthafter Anschein ihr Leben ist, entzieht er solchem Anschein und solchem Leben unerbittlich den Grund. Anders kann ja das rettende Licht nicht in ihre Finsternis dringen, das Leben ihren versteckten Tod nicht besiegen. Damit nimmt er es auf sich, daß das Nein seiner Gegner zum Licht sich gegen ihn selber verdichtet, daß sie das Licht zu töten suchen, weil es anders für sie selbst tödlich wäre. Aber eben diesen seinen Tod setzt Jesus nun ein, um ihre und aller Sünder Verkettung an das Dunkel der Sünde zu sprengen: im durchhaltenden Ja zum Sünder betet er sterbend: „Vater, vergib ihnen, denn sie wissen nicht, was sie tun." In der Vergebung, die hier geschieht, erweist sich Gottes bekehrendes Ja zum Sünder als mächtiger als das Nein der Sünde.

C Wir werden uns fragen müssen:
an welcher Stelle wir selbst noch Heuchler sind, und es zu unserer Rettung nötig haben, daß das Licht allen falschen Anschein in unserem Leben entlarve,

wo wir durch unser Schweigen mitschuldig
werden an der Daseinslüge einer Umgebung,
am Fassadentum einer Welt um uns, weil wir
nicht darauf verzichten wollen, an den Vortei-
len, die sie bietet, zu partizipieren,
wo wir nur besserwisserisch anprangern – ohne
die entsprechende eigene Konsequenz.

A Solange das Kind die Wirklichkeit als das
von oben Gegebene annimmt, ist es *der ihm
begegnenden Welt wehrlos, ungeschützt ausge-
setzt;* das bedeutet aber: der Verwundung
durch sie ebenso wie der Beseligung. Und da in
dieser Welt das Böse ist mit all seinen Leid-
folgen, wird es in und von dieser Welt tiefer
verwundet als beseligt.

Solange es jedoch, da es Kind ist, den Verwundungen nicht ausweicht (die, ohne daß es selbst
darum weiß, die Tiefe in ihm aufreißen), öffnet
es sich nur um so tiefer nach oben und damit
um so tiefer auch für die Wirklichkeit. Im je
tieferen Hunger nach dem Licht nimmt es alle
Spuren des Lichtes in der Welt wahr und er-
leidet es allen Mangel an Licht in der ihm begegnenden Welt. So steht es immer wirklicher
in der Wirklichkeit: es reift an der Wirklichkeit für das Schauen dessen, der wirklicher ist
als alle Wirklichkeit. (Thema von Rabindranath
Tagores Drama ,,Das Postamt".)

B ,,Und obschon er Sohn war, hat er aus seinem Leiden Gehorsam gelernt und wurde nach
seiner Vollendung für alle, die ihm gehorchen,
Urheber des ewigen Heiles" (Hebr 5,8 f.).

,,In der Welt habt ihr Leid. Aber habt Mut, ich
habe die Welt überwunden" (Jo 16,33).

C 1 Wenn einer dem Geist des Kindseins absagt, beginnt er sich abzuschirmen vor der Leidtiefe der Wirklichkeit. Und je dichter die Abschirmung wird, je weniger einer darum in und an dieser Welt leidet und leiden will, desto mehr erblindet er für die Wirklichkeit, für das Licht in der Welt und für ihren Mangel an Licht. Wer dem Kinde in sich absagt, weil er nicht länger willens ist, die Welt als das Tal der Tränen zu durchschreiten, das sie ist, beginnt sich und andere von der Wirklichkeit abzulenken. Und wenn er sich nicht bekehrt, hält er am Ende die Ablenkungen von der Wirklichkeit für diese selbst: Er hat sich eine Welt errichtet, die aus Ablenkungen von der Wirklichkeit besteht, eine gespenstische Welt.

Je weniger der Mensch Kind ist, desto weniger Wirklichkeit ist in ihm und in der Welt, die er aufbaut.

Die perfektionierte Wirtschaftswunderwelt heute ist weithin eine unwirkliche Welt. In einer solchen Welt ist kein Raum mehr für das Kind. Je mehr sie sich ausbreitet, desto weniger kann ein Kind noch Kind sein; desto früher beginnen und desto tiefer reichen die Leiden, die Ängste, die Verstörungen und Verwundungen in den Seelen der Kinder, weil ihrem Durst nach Wirklichkeit nicht Genüge geschieht. Ständig wächst die Zahl der seelisch geschädigten Kinder. Die Welt, die kein Oben mehr kennt und anerkennt, die aber auch kein Leid mehr leiden und mitleiden will, hat sich gelöst vom „Brunnen lebendigen Wassers", in ihr nimmt die Wirklichkeit beständig ab, wie in einer rissigen Zisterne das versickernde Wasser (s. Jer 2,13).

C 2 Von dem Menschen, der die Leidtiefe der Welt leugnet, der nur die Ablenkungen von Leid und Tod sucht und darin aufgeht, gilt das Wort: ,,Er weiß nicht, wohin er geht, weil die Finsternis seine Augen geblendet hat'' (1 Jo 2,11). Von denen aber, die ihr Kindsein durchtrugen, heißt es: ,,Das sind die, welche aus der großen Trübsal kommen ... das Lamm wird sie weiden und sie zu Wasserquellen des Lebens leiten; und Gott wird alle Tränen abwischen von ihren Augen'' (Apk 7,14).

IV

GEHORSAM

A Das Kind will nicht erst begreifen, bevor es gehorcht. Tuend wächst es in das Verstehen der elterlichen Weisung hinein, und in das immer feiner werdende Gehör für sie. Verwirklichend lernt es Weisheit. Unmerklich ist das dann der Prozeß vom unreflektierten Gehorsam, der ganz im Vertrauen gründet, zur Reife des Selbstverantwortenmüssens.

B „Alles, was der Herr gesprochen hat, das wollen wir tun und hören", so beantworten die Kinder Israel die Sinaioffenbarung (Ex 24,7). Das ist Gehorsam, wie Gott ihn wirkt. Das Tun hat eine Schlüsselstellung fürs Begreifen. Im Tun erst bildet sich das Gehör, wie in der Musik.

Jesus selbst sagt:
„Wenn jemand darangeht, den Willen Gottes zu tun, so wird er erkennen, ob meine Lehre aus Gott ist" (Jo 7,17).

Als die Jünger Jesus baten: „Lehre uns beten!", gab er ihnen nicht eine Lehre über das Gebet, keine Theorie über das Warum und Wozu und Auf welche Weise, sondern er sagte einfach: „So sollt ihr beten!" und betete ihnen das Gebet vor: „Vater, geheiligt werde dein Name ..."
Betend – dieses Gebet mit ihm betend – würden sie beten lernen.

C Wenn einer dem Geist des Kindseins absagt und ihn auch nicht auf einer neuen Stufe des Begreifens durch die Umkehr wiedererlangt, will er den Ansatz seines Handelns ganz in sich selbst haben; jegliche Weisung muß sich erst rechtfertigen vor dem Forum der eigenen Intelligenz. Er will es nicht nötig haben zu vertrauen. So aber kommt es weder zur Weisheit, noch zu einem der Weisheit entsprechenden Tun. Der Mensch wird weisungslos, das aber heißt: verantwortungslos.

Bekehrung:

1. Vertrauend durchhaltendes Ja zu Gottes Wegen und Gottes Weisung (die sich auch der irdischen Autorität bedient), selbst wenn man dabei nichts sieht als den nächsten Schritt. Keinen Anspruch erheben auf Überblick, sofern die Verantwortung oder Mitverantwortung ihn nicht notwendig macht.

Will einer in jedem Fall den Weg erst gehen, nachdem er berechnet und abgewogen hat, ob er vorteilhaft für ihn ist, so ist es *sein* Weg, nicht mehr Gottes Weg; er geht ihn für sich, nicht für Gott, und so geht er ihn von vornherein in der falschen Richtung.

2. Eingehen auf das, was einen, je nach den Umständen, zur Stunde unbedingt angeht – wie der barmherzige Samariter: ohne Zögern, aufmerksam, tatkräftig, in grundsätzlichem Verzicht darauf, die Früchte des Handelns selber zu ernten. Aber auch warten können, wenn die Weichenstellung noch fehlt, und Gefahr ist, daß der Eigenwille sie vornimmt.

64

Ist man selber der Verwundete am Wege, hand-
lungsunfähig, ausgeliefert, – eben diesen Weg
als den erachten, auf dem man Gott finden wird,
weil man gefunden ist. Durch Leiden hindurch
erkennt man Ihn erst, wie man von Ihm erkannt ist.

3. In der wachsenden Mitverantwortung für
ein Ganzes das je mehr geforderte Wagnis des
Glaubens nicht verweigern – gegenüber den in
gleichem Maße wachsenden Argumenten einer
rein diesseitig orientierten Vernunft.

Unterscheidung der Stimme

A   Das Kind läßt sich genügen an der Stimme des Vaters, der Mutter. Es hört den Laut der Liebe darin, darum gehorcht es ihr vertrauend. Das weisende Wort nimmt es an und auf, weil die geliebte Stimme es zu ihm hinträgt. Mit dieser Stimme stimmt es ja überein. In ihr ist sein Leben, ist Gewißheit vor allen Fragen, und die Gewähr, daß alle einmal richtig beantwortet werden.
Die Stimme eines Fremden, mag sie noch so klangvoll klingen, noch so Lockendes sagen, macht ihm Angst, sein Herz weist sie ab.

B   Worte Jesu:
„Die Seinen ruft er mit Namen und führt sie hinaus. Er geht vor ihnen her, und sie folgen ihm, weil sie seine Stimme kennen. Einem Fremden aber werden sie gewiß nicht folgen, weil sie die Stimme des Fremden nicht kennen" (Jo 10,3–5).

„Wer aus der Wahrheit ist, der hört meine Stimme" (Jo 18,37).

„Ich preise dich, Vater, Herr des Himmels und der Erde, daß du dies vor Weisen und Klugen verborgen, Unmündigen aber geoffenbart hast" (Lk 10,21).

66

C Wenn einer dem Geist des Kindseins absagt, dann wird ihm das Es des Gesagten wichtiger als das Du des Sagenden, der Satz gilt
mehr als das Sein; das Wissen interessiert, das
Überlegenheit gibt, nicht die Wahrheit, die
überlegen ist, – (weshalb es Weisheit nicht gibt
ohne Verzicht auf Überlegenheit). – Das aber
bedeutet: Die Stimme des Sagenden wird nicht
mehr geprüft und nicht mehr unterschieden;
das ist dann die Chance des Versuchers, der von
ihrem Urgrund losgelösten Intelligenz, des
,,Lügners von Anbeginn'' (Jo 8,44).

Umgekehrt gilt: Die ihr Kindsein bewahren,
erliegen der Lüge nicht, mag diese auch auf
den Gipfel der Macht kommen und öffentlich
werden – sie wissen die Stimme zu unterschei-
den aufgrund von Übereinstimmung, das ist ihr
Sieg. Die einfache Stimme des Evangeliums
dringt bei diesen ,,Kleinen'', wie die Schrift sie
nennt, nie tiefer und rettender durch, als wenn
die Parolen und Argumente der menschlichen
oder übermenschlichen Intelligenz die göttliche
Wahrheit bestreiten. Aus dem Hören der Stimme Jesu nährt und erneuert sich in ihnen jenes
Urvertrauen, das sie allen Lockungen oder Dro-
hungen der Mächte und Gewalten gegenüber
mit dem Jünger der Bibel sprechen läßt: ,,Ich
weiß, wem ich geglaubt habe'' (2 Tim 1,12). –
Dieses paulinische Alterswort ist Endzeitwort.
Alles reduziert sich gegen Ende, wie im Leben
des einzelnen, wenn seine Kräfte weichen und
es dunkel um ihn wird, so im geschichtlichen
Dasein der Kirche auf die Person Jesu, auf ihre

felsenhafte Verläßlichkeit in den Stürmen und Fluten des letzten Ansturms der widersacherischen Mächte, die jedes Haus zum Einsturz bringen, das nicht auf Ihn gebaut ist durch das Tun seiner Worte, im Hören seiner Stimme.

Wörtlich genommenes Wort

A Das Kind nimmt das Wort, das ihm gesagt wird, wie es gemeint ist, und gehorcht ihm in Einfalt, verdreht es nicht erst in seinem Geist, schwächt es nicht ab, daß es der Feigheit oder dem Eigennutz diene.

B Dietrich Bonhoeffer spricht einmal davon, welches Spiel sich das Wort Gottes von uns Erwachsenen gefallen lassen muß, die wir auf der Flucht sind vor dem echten Gehorsam. Dabei verweist er auch auf das Kind mit folgendem Beispiel:

Ein Vater sagt zu seinem spielenden Kind: geh ins Bett! Das Kind weiß, woran es ist. Ein Kind, das keins mehr wäre, würde folgendermaßen argumentieren: Der Vater sagt: geh ins Bett! Er meint, du bist müde. Er will also nur nicht, daß ich müde bin. Ich kann über meine Müdigkeit auch hinwegkommen, indem ich spielen gehe. Also der Vater sagt zwar: geh ins Bett!, er meint aber eigentlich, geh spielen! – Mit einer solchen Argumentation würde das Kind beim Vater auf eine sehr unmißverständliche Sprache stoßen, nämlich auf Strafe.

Erwarten wir Erwachsenen eigentlich anderes, wenn wir die göttlichen Weisungen beharrlich auf die Ebene unserer eigenen Wünsche und unseres Alles-beim-Alten-Lassens herabinterpretieren?

Was machen wir Christen etwa aus folgenden Worten:

„Wer mit dir rechten und dir den Mantel nehmen will, dem überlaß auch den Rock!" (Mt 5,40),

„Jedem, der fordert, gib, und wer dir das Deine nimmt, von dem verlange es nicht zurück!" (Lk 6,30),

„Borgt ohne Hoffnung auf Wiederersatz!" (Lk 6,35),

„Wenn du ein Gastmahl gibst, lade nicht deine Freunde, noch deine Brüder, noch deine Verwandten, noch reiche Nachbarn ein. Sonst laden sie dich wieder ein und halten dich schadlos. Nein, wenn du ein Gastmahl gibst, lade Arme, Krüppel, Lahme und Blinde ein. Selig bist du, denn sie können es dir nicht vergelten, aber es wird dir vergolten werden bei der Auferstehung der Gerechten" (Lk 14,12–14).

C Wir müssen uns davor hüten, das Gotteswort zu relativieren, uns im Hinblick auf die geltenden Konventionen für dispensiert zu halten von seinem einfältigen Verständnis.

Ist das nicht oft Bequemlichkeit? Flucht? Der Versuch, das Gesetz der Gnade dem Gesetz dieser Welt ein- und unterzuordnen? Das Gegenteil also von Überwindung der Welt? Wer sich dem göttlichen Anspruch des Wortes zu der Stunde, da es ihn sucht und meint, nicht beugt wie ein Kind, empfängt auch seine befreiende und rettende Kraft nicht.

Man erwidert: Wenn wir die Bergpredigtforderungen derart wörtlich nehmen, wo kommen wir da hin? – In den Herrschaftsbereich Gottes! In keinen anderen.

Nur, wenn wir es auf uns nehmen, den Leuten, für die das Christentum ein wohltemperiertes Abgabepensum ist, nicht der Einsatz des Ganzen, mit unserem Verhalten ein Ärgernis zu sein, und den Nichtchristen als Narren zu gelten, verkünden wir Christus als den Gekreuzigten und den Rettenden. Es gibt keine andere, keine wirksamere, einleuchtendere, überzeugendere Weise, die Wahrheit des Evangeliums zu verkünden, als es zu befolgen.

Nur wenn wir nichts Jetziges festhalten, weil wir davon durchdrungen sind, daß der letzte Sinn alles Jetzigen die liebende Hergabe ist, daß alles umgemünzt werden darf und soll in den Kaufpreis für die kostbare Perle, bringen wir diese Perle für die anderen zum Leuchten und erlangen sie selbst.

Im anderen Falle, wenn wir die Spielregeln der Gesellschaft, in die man uns eingereiht hat, kritiklos zu den unseren machen, wenn wir wie alle anderen Leute prozessieren, um unsere Ansprüche durchzusetzen, unser Hergeben sorgfältig eingrenzen, die Linke wissen lassen, was die Rechte tut, an unserem Tisch nur Leute unserer Farbe und unserer Bildung sitzen lassen, dann mögen wir uns zwar eine Religion eingerichtet haben, die uns das Empfinden gibt, pflichtbewußte und anständige Menschen zu sein, aber mit der Nachfolge Christi hat diese Art der Existenz herzlich wenig zu tun.

Das gilt erst recht für christliche Gemeinschaften, für Orden und Klöster. Wer da eintritt, verläßt sein Klein-Ich. Aber um ein Groß-Ich zu finden? Um in einem Groß-Ich aufzugehen? Gemeinschaft von Gottsuchenden hat ihren Sinn darin, daß sie sich gegenseitig Kraft und Ansporn zu bleibender Hochherzigkeit ist, und daß es zu gemeinsamen Zeugnissen der Nachfolge, etwa in der Armut oder in der Gastfreundschaft kommt, die die Möglichkeiten des einzelnen weit übersteigen.

A   Das Kind ist konkret. Es ist noch nicht am Ende mit der Menschwerdung, es setzt sie fort, das Wort wird in ihm Fleisch: sein Inneres äußert sich.
Wenn es sich freut, dann hüpft es,
wenn es traurig ist, weint es,
wenn sein Herz aufjubelt, dann auch seine Stimme,
wenn es liebt, umarmt es,
wenn es mit Worten betet, dann auch mit dem ganzen Leib.
Mit Leib und Seele Gott anerkennend, erkennt es ihn wahr.

B   Jesus entbehrt Wesentliches, wenn man ihn – und das heißt seit Pfingsten: ihn in seinen geringsten Brüdern – nicht konkret liebt. Zu Simon dem Pharisäer sagt er:
,,. . . Ich kam in dein Haus – du hast mir kein Wasser für die Füße gegeben, sie aber hat meine Füße mit ihren Tränen benetzt und mit ihren Haaren getrocknet. Einen Kuß hast du mir nicht gegeben – sie aber hört seit ihrem Kommen nicht auf, meine Füße zu küssen. Mein Haupt hast du nicht mit Öl gesalbt, sie hat meine Füße mit Balsam gesalbt . . ., wem wenig vergeben ist, der liebt auch wenig''
Lk 7,44.

73

C Nicht konkret lieben, bloß mit dem Kopf oder mit der guten Meinung lieben, nicht herzlich, überströmend, freudig aufblickend, menschlich lieben, bedeutet wenig lieben.

Wenig lieben aber bedeutet: wenig Vergebung gesucht und erfahren haben, wenig bekehrt sein wie Simon, der Pharisäer; weil er nicht mehr Vergebung braucht, als es gleichsam seine Haut ritzt, erkennt er Jesus, die menschgewordene Vergebung, nicht, glaubt er nicht an ihn. Wo unser Christentum ausweicht vor der Konsequenz, vor der Konkretion, bleiben wir vor den Toren des Gottesreiches; ja an dieser Stelle wird aufgedeckt, daß wir nicht glauben. Wenn wir die Wahrheit nicht *tun*, kommen wir auch nicht ans Licht (Jo 3,21).

V

ABEND UND MORGEN – EIN TAG

A Der Tag des Kindes beginnt wie der der Bibel am Abend, als Erwartung seines Anbruchs; alles kommende Licht muß erst erwartet werden, und jede Gestalt ist *Frucht*. Der Abend, sein Gespräch, sein Lied, sein Gebet, befruchtet die Ruhe, den Schlaf, den Traum. So wird der Morgen des Kindes aus dem Schoß der Nacht je neu geboren, mit neuem Antlitz.

B 1 „Es ward Abend und Morgen – ein Tag", so heißt es im Schöpfungsbericht. Darin liegt: was zwischen Abend und Morgen geschieht, enthält schon den Tag, entscheidet über ihn. Für die Offenbarung ist die Nacht ein wesentlicher Teil im Leben des Menschen. Und was an neuem Leben aus ihr hervorgeht, wird vorentschieden in den Stunden, die ihr voraufgehen.

B 2 „Umsonst ist es für euch, früh aufzustehen und spät niederzusitzen und das Brot harter Arbeit zu essen – das Rechte gibt der Herr den von ihm Geliebten im Schlafe" (Ps 127).

B 3 „Mit dem Reiche Gottes geht es wie mit einem Mann, der Samen aufs Land streut. Er geht zur Ruhe und steht auf, Nacht und Tag, und die Saat sproßt und wächst, ohne daß er es merkt. Von selbst bringt die Erde Frucht, erst Halm, dann Ähre, dann reifen Weizen in der Ähre. Wenn dann die Frucht reif ist, legt er gleich die Sichel an, denn die Ernte ist gekommen" (Mk 4,26–29).

C 1 Es weist auf einen tiefen Verlust menschlichen Urwissens und geoffenbarten Glaubens hin, wenn man um den unersetzlichen Wert einer Gott überlassenen Nacht nicht mehr weiß, nicht mehr recht abstehen kann vom eigenen Wissen, Wirken und Wollen, darum auch nicht mehr darum besorgt ist, daß der Abend etwas Sabbatliches habe, das die Ruhe der Nacht einleitet und befruchtet, das Saat aus Gott in sie hineinsät und ihr verborgenes Leben so hinüberführt in eine neue Gestalt.

Wenn der Abend leer war von Sinn, nur ruhelos vertan, so ist die Nacht fruchtlos und der kommende Tag gesichtslos. Das Geschick vieler Menschentage heute ist Gestaltlosigkeit, Sinnleere. Das hat seinen Grund in der Entwertung der Nacht, und daß der Tag nicht am Abend begann.

Das sprichwörtliche „Den Seinen gibt's der Herr im Schlaf" ist viel hintergründiger, in ihm ist viel mehr Ernst und Verheißung, als man aufs erste denkt. Es gefällt Gott, in unser vertrauendes Ruhen hineinzugeben, was all unserem

Mühen erst bleibenden Wert gibt, sowohl die Lebenskraft als auch das Wachstum jener Saat, die uns zu säen aufgegeben ist, auf daß wir Frucht bringen, die bleibt.

C 2 Mit dem Abendmahl begann der Kreuzigungstag Jesu, in ihm empfing er seinen Sinn. – Ob der Tag dieser Welt ein Heilstag für uns werde, ob wir die Kraft haben, an ihm *mit* Christus dieser Welt gekreuzigt zu sein, um so diese Welt in Bewegung bringen zu helfen auf ihr Vollendungsziel hin, das entscheidet sich schon an seinem Beginn, am Vorabend. Es hat viel für sich, das Herrenmahl am Abend zu feiern, damit seine Gnaden und seine Gedanken wie Saatkörner in den Schoß der Nacht gesät werden, um im Lichte des kommenden Tages aufzugehen.

Was uns in der Feier des Brotbrechens geschenkt wird, *kann* sich oft gar nicht auswirken, weil ihr die Ruhe nicht folgt, von der alles Heilige tief umfangen sein muß, wenn es verwandelnd und gestaltgebend in unser Wesen und Tun hinüberdringen soll. Nach einer Morgenmesse, der sofort ein gehetzter Tag folgt, ist es oft, als würde das Saatkorn alsbald zertreten. Von einer Theologie des Opus operatum her haben wir in diesen Dingen viel zu abstrakt gedacht.

In der Morgenfrühe hat die Messe ihren Sinn vor allem am Sonntag. Nicht nur weil ihr der Ruhetag folgt. Der Aufgang der Sonne ist

Sinnbild der Auferstehung, des Aufgangs des „Lichtes der Welt", das von der Messe her den Festtag zur Gänze überstrahlt, ihn zum achten Tag, zum Tag oberhalb der Tage macht zur Vorverkündigung des kommenden Äons. Aus ähnlichen Erwägungen scheint mir die Morgenmesse auch werktäglich sinnvoll in beschaulichen Klöstern, insofern deren Leben zeichenhafte Vorwegnahme eschatologischer Existenz ist.

A Wiewohl das kleine Kind mit entdeckeri-
scher Freude in den Rhythmen seines Daseins
die Wiederkehr des Gleichen erkennt und liebt,
weil die Welt ihm durch Gewohnheit wohnlich
wird – Vertrautheit und Vertrauen gründen in
der Erfahrung von Verläßlichkeit und Treue –,
so versteht es das Leben zugleich doch wie einen
Brunnen, der erfinderisch immer neues frisches
Wasser hervorbringt. Jeder aufgehende Tag ist
für sein Erwarten wie ein *Land, das noch kein
Fuß betrat,* wie ein weiter blauer Himmel für
den beginnenden Vogelflug. Es hat für den Ablauf der Dinge kein eigenes, fertiges Konzept,
es ist offen und frei für das je Begegnende, für
das noch Verborgene und den unerwarteten Fund,
für Überraschung und Geschenk. Und dem immer neuen Einfall der Geschehnisse entspricht es
mit immer neuen Einfällen in Tat und Wort.

B Jesu Lebenstag ist von einer tiefen Offenheit
und Weite. Was darin vorzukommen hat, legt
er nicht vorher fest. Er kennt das Ziel, und er ist
selbst der Weg, aber es scheint fast, als wisse er
auf diesem Weg immer nur den nächsten
Schritt, das Jetzt. Der Vater führt ihn ja.
Der Lebensraum, den er ausschreitet wie ein
Sohn das väterliche Anwesen, ist Israel. So wan-
dert er mit seinen Jüngern übers Land, die

frohe Botschaft verkündend, weilt in der Wüste, im Gebirge, in den Städten, in einem Haus, auf einem Dach; sitzt zu Tisch mit Schriftgelehrten, Freunden, Zöllnern, bleibt bei ihnen zur Nacht oder nächtigt in Herbergen, im Freien. Er ist für alle da, er hat Zeit für die einzelnen, vor allem die Ärmsten. Da sind immer andere Begegnungen, Ereignisse, Menschen.

Und in ihr Leben hinein tut und sagt er je anders das Heilende, Rettende. „Denn Gottes Gebilde sind wir, geschaffen zu guten Werken, die Er zuvor bereitet hat, damit wir in ihnen wandeln" (Eph 2,10). Was Paulus da an die Epheser schreibt, macht Jesus urbildlich wahr. Der Vater hat die Werke bereitet; so ist es nicht an ihm, sie sich auszudenken. Er entwirft kein Programm, er ist kein Stratege, er legt es nicht auf bestimmte Erfolge an, und werden sie ihm zuteil, so hält er die Chance scheinbar nicht im geringsten fest, er weiß nur um *eine* Chance, um *eine* Stunde, die er die seine nennt, die in alles je Jetzige hinüberwirkende, die seines Hinübergangs, seiner Erhöhung am Kreuz.

Er erkennt, daß ihm nur wenig Zeit bleibt, aber er ist deswegen nie in Sorge oder Hast; und wiewohl die Glut göttlichen Eifers ihn verzehrt, er der Mensch für andere, für alle ist, hat sein Dasein etwas von der Art, wie die Vögel sich nähren und die Blumen sich öffnen.

C 1 Wer den Geist des Kindes verlor, will das Leben selber in den immer totaleren Griff bekommen: Er beginnt es zu verplanen, es zu manipulieren.

Eine gottunabhängige Welt bekommt immer mehr den Charakter des mechanischen Räderwerks, in dem jedes Teilchen zu funktionieren hat, damit das Ganze weiterläuft. Die für das Evangelium so wesentliche Kategorie des Unerwarteten, Unvorhergesehenen und des Wagnisses hat in ihr fortschreitend weniger Raum.

Wenn wir heute an einer solchen Welt partizipieren, so ist es um so wichtiger, daß wir ihr nicht auch mit dem Herzen gleichförmig werden, sondern mitten in ihr der Mensch des Evangeliums bleiben.

Auch heute gilt, daß Gott grenzenlose Möglichkeiten hat, wo wir keine mehr sehen, und daß sein geheimnisvoller Plan, der so hoch über menschlichem Planen ist wie der Himmel über der Erde, sich an und mit uns verwirklicht. Offen bleiben dafür! Gott ist anders, das Leben ist anders, als man es uns hinstellen und herstellen will. Gott will auch heute, daß unser Leben ein neues Lied werde. Das wird es, wenn wir für seine Eingebungen, sein Kommen auch in den unscheinbaren Begegnungen des Alltags nicht ungläubig blockiert sind. Dann gibt es in jedem unserer Tage ein Aufquellen des lebendigen Wassers an einer ungeahnten Stelle, gibt es den unerwarteten Fund, gibt es Licht, das im Finstern strahlt und das heller ist als alle irdische Helle. Wir sind in Gefahr, Wesentliches, Rettendes, Beseligendes zu verfehlen, wenn wir uns abschirmen vor allem, was nicht in die eigene Planung eingeht.

C 2 Auch im kirchlichen und geistlichen Leben neigen wir zum Verplanen, zum Systematisieren und Schematisieren. Geistliches Leben bedarf der Ordnung, karitatives und seelsorgliches Wirken der Einrichtungen und Planungen. Aber was daran Menschensatzung und Menschendenken ist, darf nie Selbstzweck werden, als sei das mit ihrer pünktlichen Wahrung Geleistete schon das Eigentliche und Genügende. Wo Gott auf solche Weise zum Pensum wird, geschieht verborgen der Dispens vom lebendigen Gott. Es muß uns sehr bewegen, daß Jesus im Samaritergleichnis ausgerechnet einen Priester und einen Leviten, Männer des Kultes und der Gesetzeswahrung, die Versager vor dem unerwarteten Anruf der Liebe sein läßt ...
Erst recht in einem gemeinsamen Leben nach den Räten darf nicht alles in einem Grade reguliert sein, daß dort Geltung und Zutritt nur hat, was sich in einen festgelegten Rahmen einfügt, und daß nach Möglichkeit ferngehalten wird, was in der Rechnung einen Fremdheits- oder Unsicherheitsfaktor aufweist. Müßte nicht vor allem in den als exemplarisch christlich geltenden Bereichen Raum sein für das Wagnis der Liebe, die Improvisation?

A Das Kind mißt den Ablauf des Lebenstages
wie überhaupt den der Zeit weder an einer Uhr
noch umgekehrt an einer Idee von Ewigkeit.
Wie es Zeit erfährt, das ist bestimmt vom Erwarten, Ausbleiben und Eintreffen eines Kommenden. Entsprechend ist sein Verhalten in der
Zeit auf Person ausgerichtet, und sein Himmel
ist jeweils Vereinigung mit dem Erwarteten,
dem Geliebten.

B ,,Eure Lenden seien umgürtet und bren-
nende Lampen in euren Händen. Und ihr sollt
Menschen gleichen, die auf ihren Herrn warten,
wann er von der Hochzeit kommt, damit sie
ihm, wenn er kommt und anklopft, sogleich
auftun . . .'' (Lk 12,35–40).

,,Das Himmelreich wird zehn Jungfrauen gleichen, die ihre Lampen nahmen und auszogen,
dem Bräutigam entgegen . . .'' (Mt 25,1 ff.).

,,Der Siegeskranz der Gerechtigkeit ist allen
hinterlegt, die seine Wiederkunft liebend her-
beisehnen'' (2 Tim 4,8).

C Wenn einer die Zeit nicht mehr wie das
Kind auf ein Du bezieht, sondern sie lediglich

als ein verfügbares Es erachtet, das er für seine verschiedenen Zwecke in Anspruch nimmt, dann bildet der Himmel auch nicht länger die Erwartung und die verborgene Sinnmitte der Zeit, sondern nur mehr deren Rand. Der Himmel beendet dann nur die Zeit. Sofern man überhaupt noch mit ihm rechnet, wird er zu einem diffusen Milieu, in dem das über die Zeitgrenze hinausgreifende menschliche Glücksverlangen eine unbestimmte Erfüllung findet. Um dieses Milieu am Ende nicht zu verfehlen, ordnet man in ein zutiefst ichhaft und eshaft gesteuertes Leben bestimmte Abgaben zur Sicherung für den Todesfall ein. Ein auf einen abstrakten Himmel bezogenes Leistungssoll tritt an die Stelle von brennender Erwartung, von Bereitung für einen, der sein nahes Wiederkommen angekündigt hat.

Wenn wir uns bekehren, erwarten wir voll Freude den Kommenden. Uns selbst und das Haus der Welt für ihn zuzurüsten, wird Lebensmotiv. Und insofern er sein Kommen verborgen vorwegnimmt, beginnt der Himmel immer schon hier.

BESUCH

A Das Kind liebt Besuch. Es besucht gern und will besucht sein. Es überrascht gern und will überrascht sein. Es versteckt sich, um gefunden zu werden; es geht auf Suche, um zu finden.

Zu den Grundmotiven der Märchen und Mythen aus den Kindheitsepochen der Völker gehört, daß da einer auf einen Kommenden wartet, der die Erlösung und das ganz andere Leben bringt; oder daß er aufbricht aus dem eigenen Zuhause und selbst zu dem Kommenden wird.

Die Bibel deutet uns dieses Urverlangen von der tiefsten Berufung des Menschen her: Er ist Offenheit und Empfangsbereitschaft für den unendlichen Gott, Gefäß für die göttliche Erfüllung, für die Einwohnung Gottes, aber ebenso auch dazu ersehen, sich selbst zu überschreiten auf die Begegnung und das Wohnen mit Gott, in Gott, auf das Eingehen in Gottes Freude.

B 1 „Kommet alle zu mir, ihr Mühseligen und Beladenen, ich werde euch erquicken!" (Mt 11,28).

„Alles, was der Vater mir gibt, wird zu mir kommen. Und den, der zu mir kommt, weise ich nicht hinaus" (Jo 6,37).

„Ich war krank und im Gefängnis . . ., ihr seid zu mir gekommen" (Mt 25,43).

B 2 ,,Siehe, ich stehe vor der Tür und klopfe an. Wenn jemand meine Stimme hört und die Tür auftut, zu dem werde ich hineingehen und Abendmahl mit ihm halten und er mit mir" (Apk 3,20).

,,Ich war fremd, und ihr habt mich beherbergt" (Mt 25,43).

,,Ja, ich komme bald!" (Apk 22,22).

C 1 Die Heilsgeschichte beginnt mit einem Auszug: dem des Abraham aus seiner Sippe und seinem Land. Die Auserwählten verstehen sich seither als die kommenden Leute, als Pilger und Fremdlinge auf Erden, als Avantgardisten eines Trecks, der unterwegs ist zu der ,,Stadt mit den Grundfesten, deren Künstler und Baumeister Gott ist" (Hebr 11,8–16), als Weggefährten dessen, der (am Kreuz!) ,,nicht hatte, wohin er sein Haupt lege", und der so den Weg zu Gott bahnte und selbst dieser Weg ist.
Aber sind wir das alles? Sind wir Menschen in der Gnade des Aufbruchs, die auch andere zum rettenden Aufbruch bringen? Erfährt dieses Lebensgefühl seinen Ausdruck in der Weise, wie wir uns einrichten, wie wir kaufen und verkaufen, wie wir uns freuen und wie wir trauern?

C 2 Umgekehrt mahnt die Schrift eindringlich zur Offenheit für den Kommenden, für den

Gott, der menschlich zu uns kommt, arm und gering: für den Gast, für den Fremden, den Unerwarteten und vielleicht Unbequemen. „Seid gastfreundlich ohne Murren!" (1 Petr 4,9).

„Übt eifrig Gastfreundschaft!" (Röm 12,13).

„Vergeßt die Gastfreundschaft nicht; dadurch haben einige, ohne daß sie es wußten, Engel beherbergt" (Hebr 13,2).

Wären Abraham, Lot, Tobias nicht gastfrei gewesen, so hätten sie die entscheidende Stunde ihres Lebens versäumt: der eine seine und unsere Zukunft, der andere seine Rettung vor dem Untergang, der dritte seine Heilung. In allen drei Fällen waren es unerwartete, unvorhergesehene, ungebetene Gäste, denen man Tür und Herz öffnete.

Wenn wir den Kindesgeist nicht mehr haben, sind wir in Gefahr, uns dem Gast zu verweigern, oder ihn nur mit Murren einzulassen. Bedeutet er doch mehr Arbeit, Umstoßen des Zeitplans, vielleicht sogar Einengung des eigenen Lebensraums. Aber in dieser Bereitschaft erweist es sich, ob einer selber noch Pilger und Fremdling ist in dieser Welt und ob er glaubt – an die Identität des Herrn mit dem Gast.

Aufgenommen aber hat einer den Fremden als Gast erst, wenn er mit ihm zu Tisch sitzt. Solange man ihm nur etwas vorsetzt, ihn abspeist, ihm die Tischgemeinschaft versagt, bleibt er der Fremde, der im Grunde Ausgeschlossene.

Jesus hat zu Tisch gesessen mit Zöllnern und Sündern. Und er hat einen Tisch zur Mitte des

Raumes der Erlösung gemacht. An diesem Tisch sind wir Sünder seine Gäste. Wenn daher etwas dem Evangelium und der Gnade, von der wir selber leben, fremd ist, dann ist es die hermetische Abschirmung des eigenen Tisches vor dem fremden und armen Gast.

A Das Kind ist schöpferisch. Es formt den Lehm, den es knetet, nach Urbildern aus einer noch unverschütteten Tiefe. Und dem immer neuen Einfallen der Geschehnisse in seinem Leben entspricht es mit immer anderen Einfällen seines Herzens in Tat und Wort. Es singt ein neues Lied.

Fast scheint es, nur im Weisen, im Künstler, im Dichter lebe die schöpferische Ursprünglichkeit des Kindes weiter, lebe sie auf. Was ihrer Aussage, ihrem Werk jene Schönheit gibt, die uns ergreift wie ein Hauch aus verlorenem Paradies oder wie die Verheißung einer anderen kommenden Welt, ist die Eingebung: Sie kommt aus einer Welt jenseits aller Habhaftigkeit, auch die angestrengteste eigene Bemühung erreicht sie niemals von sich aus.

B „Singt dem Herrn ein neues Lied!'' (Ps 95, 97, 149).

„Wer von dem Wasser trinkt, das ich ihm geben werde, in dem wird es zu einer Quelle, die hinüberströmt ins ewige Leben'' (Jo 4,14).

„Wen dürstet, der komme zu mir, und es trinke, wer an mich glaubt! Wie die Schrift sagt: Ströme lebendigen Wassers werden aus seinem

Leibe hervorgehen. Das sagte er vom Heiligen Geist, den die empfangen würden, die an ihn glauben'' (Jo 7,38 ff.).

,,Und ich hörte eine Stimme aus dem Himmel wie die Stimme vieler Wasser ... und sie sangen dem Herrn wie ein neues Lied vor dem Thron ... und niemand konnte das Lied lernen, als die von der Erde erkauft sind ... sie folgen dem Lamme, wohin es geht, sie sind erkauft als Erstlinge für Gott und das Lamm ... und in ihrem Munde ward keine Lüge gefunden ...'' (Apk 14,2 ff.).

C 1 Weil wir die Bekehrung noch nicht vollzogen haben, zu der Jesus uns auffordert, weil wir noch nicht wie die Kinder wurden, noch nicht vertrauend glauben, sondern allzu sehr auf unser eigenes Können, Planen, Wissen und Bemühen setzen, darum lassen wir uns so wenig Herzbewegendes mehr einfallen zur Freude Gottes und der Menschen, darum ist unsere Liebe nicht mehr erfinderisch, weiß sie die neue Antwort nicht auf die Begegnung mit einer veränderten Welt, läßt sie es bei den alten Liedern. Lebendiger Glaube ist offen für göttliche Eingebung.
Glaube, ,,der durch Liebe wirksam ist'' (Gal 5,6), ist das in allen genialen Begabungen der Menschheit Vorgedeutete und Geahnte: Offenheit für den sich offenbarenden und gebenden

Gott, für das je neue Erreicht-, Durchhaucht-
und Durchtränktwerden mit seinem Heiligen
Geist, darum Befähigung und Ermächtigung
zum „neuen Lied", zu jenen Werken einer ge-
heimnisvollen Schönheit, die Gott selbst „zuvor
bereitet hat, damit wir in ihnen wandeln" (Eph
2,10). Und einzig dieses *neue* Lied, in dem der
neue Äon zur Sprache kommt – kein von Menschen ersonnenes und kein nur übernommenes
Lied, das uns das eigene erspart –, hat die
Macht des Zeugnisses, so daß, wer es vernimmt,
herübergerufen ist in den Bereich, aus dem es
kommt, und ‚dem Lamme folgt, wohin es geht',
um es selbst zu erlernen.

Wie der schöpferische Mensch par excellence,
der Genius, als solcher geradezu existiert um
der Eingebung willen und auf sie hin – alles
andere bei ihm ist Vorarbeit und Erwartung,
Verfügbarkeit und Bereitschaft –, so lebt der
Jünger, der Gläubige, auf das Kommen des
Herrn hin, wachend und wartend, und zugleich
doch schon in einem innersten Einvernehmen
mit ihm. Für ihn kommt der Herr je neu *bald*,
in seinem Geist; nie weiß einer, ob nicht schon
in der nächsten Stunde, im je Gegebenen, Nahe-
gelegten, wenn er es nur vertrauend aufnimmt
und damit Ihn. Dann aber werden die Rollen
vertauscht: Der so Wartende, Wachende, Ver-
fügbare *wird* bedient, wird in die Rechte einer
Freiheit eingesetzt, die verfügen darf, eben weil
sie in treuer Dienstbarkeit zur Verfügung stand:
Ungeahnte geistige Reichtümer strömen ihm
zu, Eingebungen des Erkennens und Kündens,

über die er souverän verfügt im Lied der Liebe, im ‚guten Werk'.

In die Offenheit des Glaubens hinein schenken sich Gottes Charismen; nur wo der Mensch auf sich selbst baut und aus Eigenem wirkt, da versiegen die Ströme lebendigen Wassers.

C 2 Es hängt mit der schöpferischen Begabung des Menschen zusammen, daß es in ihm auch ein naturhaftes Bedürfnis nach Unordnung gibt.

Wo ihm eine bereits fertige Welt begegnet, in der alles säuberlich seinen Platz hat, alles aufgeräumt ist, spürt er nach einer Weile ein tiefes Unbehagen, als stimme die Sache nicht.

Die Schöpfung ist noch nicht am Ziel ihrer Neuwerdung. Und sie darf nicht vorzeitig ans Ziel gekommen sein. Der erste Satz der Genesis ist immer noch in Geltung, er schlägt den Bogen vom Uranfang der geschaffenen Welt bis hin zu ihrer Vollendung in der Parusie: ,,Im Anfang schuf Gott den Himmel und die Erde. Die Erde aber war wüst und leer, und Finsternis lag über dem Abgrund, und der Geist Gottes brütete über den Wassern. Und Gott sprach: Es werde Licht! Und es ward Licht.''

Gott beteiligt den Menschen an der Lichtung des Chaos. Dazu gibt er ihm schöpferische Fähigkeiten; sie sind ein wesentliches Moment seiner Gottebenbildlichkeit. Der Mensch ist nicht urschöpferisch, er kann nicht erschaffen. Aber er kann dem noch ungestalteten Stoff eine Gestalt geben. Daß aus dem Chaos Kosmos werde, ist ihm mitanheimgegeben. Immer neu sieht er sich dem Weltstoff gegenüber, der der Formung bedarf, er kommt damit an kein Ende. Wäre das doch der Fall, müßte man fürchten, daß er sich egoistisch abgeschirmt hätte vor der Armut der Welt, vor ihrem Noch-nicht. Die peinlich musterhafte Ordnung, das scheinbar total bewältigte Chaos in einem Lebens- und Wohnbereich kann eine einzige Illusion sein, eine Fassade ohne den Tiefenraum der Wahrheit. Ich habe noch kein lebendiges Kind gesehen, das in seinem Zimmer immer eine musterhafte Ordnung gehabt hätte. Je vitaler und geistig wacher das Kind, desto weniger überschaubar ist die Landschaft, auf die man in seiner Umgebung auftrifft. In den Stuben von Gelehrten, Künstlern und Weisen stößt man auf ein ähnliches Phänomen – und fühlt sich außerordentlich wohl: Hier sind auf einmal unzählige Spuren des wirklichen Lebens, Spuren von Fragen, von Leiden, Problemen, Rätseln, deren Lösung noch offen ist: eine der Lichtung noch harrende Welt.

DER SCHLAFENDE, SPIELENDE, SINGENDE MENSCH

A Das Kind ist gelassen. Es spielt. Es hat Zeit. Es schichtet Steine auf, es schaut mitten im Gedränge selbstvergessen nach seinem bunten Luftballon, es fährt eine Puppe aus – ohne Gedanken an ein Danach, ein Daneben. Und darum ohne Hast. Es hat damit nichts weiter vor. Es kennt die Welt der Zwecke noch nicht. In einem Meer von Geschäftigkeit und Sorgen ringsum trällert es versonnen sein kleines Lied, summt es eine Melodie, lobt es das Dasein. Das Kind ruht im Sinn, im Zusammenhang, den alles je jetzt verborgen schon hat, denn es ruht in der Liebe – darum ist auch sein Schlaf so tief: reines Ruhen im Sinn. Es hat sich selbst aus der Hand gegeben, in die Hand der Liebe hinein.

B 1 Ein einziges Mal ist in der Schrift auch vom Schlafen Jesu die Rede: ,,Es erhob sich ein gewaltiger Sturm auf dem Meer, so daß das Schiff von den Wellen bedeckt wurde. Er aber schlief'' (Mt 8,24).
Dieser Schlaf Jesu mitten im Toben der Elemente ist Offenbarwerden seines und – wenn wir an ihn glauben – auch unseres völligen Geborgenseins in Gott.
Dem gleichen Schlaf begegnen wir später wieder bei einem seiner Jünger: ,,In der Nacht, bevor Herodes den Petrus vorführen wollte,

schlief dieser zwischen zwei Soldaten an zwei Ketten gefesselt" (Apg 12,6). – Beim Sturm auf dem Meer rief Petrus mit seinen Gefährten noch: „Herr, rette uns, wir gehen zugrunde!" Nun ist er durch die Passion des Herrn hindurchgegangen und Zeuge seiner Auferstehung geworden; der Friede Gottes, der alles Begreifen übersteigt, bewahrt ihn und schenkt ihm auch in dieser Nacht der Ketten den Schlaf des in Gott Geborgenen, als gäbe es nicht das Daneben seiner Folterer und das drohende Danach der Hinrichtung am folgenden Tag. In diesen Glauben hinein geschieht das Wunder, in diesen Schlaf hinein geschieht die Erweckung. (Die Geschichte der Befreiung Petri aus den Ketten ist Vorverkündigung und Typos christlichen Martyriums.)

B 2   Jesu Lobgesang mit den Jüngern im Hinübergang zur Passion: kein banges oder aufgeregtes Gespräch, kein Vorblick mehr und kein Seitenblick, „sie sprachen den Lobgesang und gingen hinaus an den Ölberg" (Mk 14,26). Dem Gotteslob, dessen Stunde gekommen ist, wird nichts vorgezogen. Jesus ist frei für den Vater; so wird er in seiner Passion auch frei bleiben für den Menschen neben sich, für die Jünger, die Häscher, den Verräter, den Schächer. Wiederum die Parallele in der Apostelgeschichte: „Der Kerkermeister legte Paulus und Silas in das innerste Gefängnis und schloß ihre Füße in den Block. Um Mitternacht beteten sie und lobten Gott. Die Gefangenen hörten ihnen zu …" (Apg 16,25).

C 1   Unsere Bekehrung: Daß wir drei Dinge in unserem Dasein nicht länger mehr ohne Not zu kurz kommen lassen – den Schlaf, das Gebet und die Muße. Und daß wir uns wieder zu jener Wertordnung bekennen, die das Kind noch aufrechterhält und an die uns das dritte Gebot so nachdrücklich erinnert: Die Wahrnehmung des Sinnes, den alles hat, steht über der Wahrnehmung der Zwecke, und die ruhevolle Verwirklichung des Vertrauens auf den Schöpfer hat den Vorrang vor allem Sichmühen in der Mitsorge um das Geschaffene. Gott hat nicht etwa einen von unseren Arbeits- und Betriebstagen oder deren Gesamtheit, sondern den Ruhetag in ausnehmender Weise auf seine Verherrlichung und unser Heil bezogen.

C 2   An einem ihrer Marienfeste liest die Kirche folgenden Text aus dem Buch der Sprüche: „Als er die Grundfesten der Erde legte, da war ich als Liebling ihm zur Seite, war lauter Entzücken Tag für Tag und spielte vor ihm allezeit, spielte auf seinem Erdenrund" (8,22–35). Dieses Wort handelt von der göttlichen Weisheit. Aber es sagt uns auch, was ein erlöster Mensch ist: ein spielendes Geschöpf im Strahlenkreis des Geliebtseins.

VI

ARMUT

BROT FÜR DEN TAG

A   Das Kind ist arm. Es lebt von dem, was es je neu empfängt, und im je Gegebenen verkostet es die Liebe des Gebers, kommuniziert es mit ihm. Es liebt die Liebe. Das trockene Brot das ihm eine geliebte Hand reicht, kann es strahlen machen. Bei einem reichen Mahl, an dem es sich selbst überlassen ist, weint es.

B   ,,Unser Brot, das notwendige, gib uns heute!'', so läßt Christus uns beten – und dies nach der Bitte um das kommende Reich. Es geht je heute um unser Heil. Um es zu wirken, um von der Brotfrage nicht absorbiert zu werden und so für die Heilsfrage offen zu sein, brauchen wir das Brot für den Tag – nicht weniger, aber auch nicht mehr Brot als das für den einen Tag. Das unnötige Mehr an Genuß und Vorsorge kann zur Folge haben, daß wir das Heil aus dem Auge verlieren.

C   1. Ich erinnere mich an eine kleine Begebenheit im ersten Winter nach dem letzten Kriege in der ungeheizten Eisenbahn. Es war bitter kalt. Mir gegenüber saß eine junge Frau, an ihre Seite geschmiegt und in ihren Mantel eingehüllt schlief ein etwa vierjähriges Kind.

Beim Einfahren des Zuges rührt es sich und wacht auf. Die Mutter reicht ihm ein trockenes Stück Brot, seine verschlafenen Augen sehen es und suchen das Gesicht der Mutter, dann sagt es strahlend „Danke!", birgt sich, beglückt über die unerwartete Gabe, von neuem unter den Arm der Mutter und knabbert an der Kruste, als koste es jeden Bissen behutsam wie ein Stück Liebe.

Der Zug lief ein, ich ging in eine Wärmebaracke für umsteigende Reisende. Da kauerte nahe beim Ofen auf der Erde ein etwa vierzehnjähriges Mädchen, sichtlich verelendet. Jemand kommt und reicht ihr ein belegtes Brot. Das Mädchen packt zu, hastig und scharf. Es schaut nicht auf, es sieht nicht, wer ihm da etwas reicht, es dankt nicht, es reißt das Brot an sich und ißt es auf, dann ist alles wie vorher.

Seither bin ich dieser Geste öfter wieder begegnet, den gleichen glanzlosen Augen, dem hastigen Zugriff, der Danklosigkeit: bei Kindern unserer Wohlstandswelt.

Es gibt offenbar zwei Weisen, wie die Kinder ihr Kindsein schon früh verlieren: Verelendung und Übersättigung. Entweder wird ihnen überhaupt vorenthalten, oder es wird ihnen — durch das Zuviel der Dinge, die man ihrem Zugriff anbietet — verdeckt und erstickt, was die Seligkeit des Kindseins ausmacht: Geliebtsein und Wiederlieben.

2. Ein hintergründiges Wort des Kolosserbriefes lautet: „Schmecket, was oben ist, nicht was

auf der Erde ist" (Lesung der Osternachtliturgie als Aufforderung an die Neugetauften zur Erstkommunion)! Es geht um unseren Geschmack an Gott. Einem, der auf diesen Geschmack gekommen ist – und ihn durch eine entsprechende Nahrung wachhält, intensiviert! –, schmeckt schließlich jede Kost fade, die nichts von diesem Gustus hat, nicht mit diesem Salz gesalzen ist.

Aber man kann den Geschmack an Gott auch völlig verlieren, wenn man sich nicht in Zucht nimmt gegenüber dem Angebot der kreatürlichen Dinge, die sich unseren Sinnen zum Auskosten darbieten. Wer in Ägypten und Kanaan zugleich leben möchte, bleibt auf der Strecke.

A Das Kind ist sorglos. Es hat weder die Furcht, daß man ihm etwas nehme, noch die Sorge, daß ihm morgen nicht mehr gegeben werde. Es sichert sich nicht. Es reserviert sich nichts.

Der Knabe vor der Brotvermehrung gibt, was er hat, seine fünf Brote und die zwei Fische – er behält für sich nichts zurück –, obwohl er nicht im geringsten weiß, was Jesus vorhat. So gibt einer, wenn er sich damit beschenkt weiß, daß er geben darf (Jo 6,9 f.).

B „Seid nicht besorgt um euer Leben, was ihr essen und was ihr trinken sollt; auch nicht für euren Leib, was ihr anziehen sollt. Ist nicht das Leben mehr als die Nahrung und der Leib mehr als die Kleidung? ... Euer himmlischer Vater weiß doch, daß ihr dies alles nötig habt. Suchet zuerst das Reich Gottes und seine Gerechtigkeit, und all das wird euch draufgegeben. Sorget also nicht auf morgen, das Morgen wird für sich selber sorgen" (Mt 6,25,32–34).

„Als er aufschaute, sah er, wie reiche Leute ihre Gaben in den Opferkasten warfen. Er sah aber auch, wie eine bitterarme Witwe dort zwei Groschen opferte, und sagte: Ich sage euch die Wahrheit, diese arme Witwe hat mehr ge-

opfert als sie alle. Denn diese alle haben aus ihrem Überfluß zu den Gottesgaben beigesteuert,
diese aber hat aus ihrer Notdurft den ganzen
Unterhalt, den sie besaß, geopfert'' (Lk 21,1–4).

C   Erst wenn wir nicht mehr von unten nach
oben geben, sondern von oben nach unten, mit
den Reserven im Rücken, wenn wir uns nicht
mehr selbst geben, sondern nur noch abgeben,
meinen wir, wir gäben viel.

DAS JETZT DER WIRKLICHKEIT
UND DIE GERONNENE MÖGLICHKEIT

A   Das Kind opfert das Jetzt der Wirklichkeit –
nur im Jetzt ist die Wirklichkeit –, *nicht der zu
Geld geronnenen Möglichkeit.*
Einem fünfjährigen Kinde, das selig war über
einen geschenkten Pfennig, bot der Vater am
folgenden Tag wieder einen Pfennig an für den
Fall, daß es dieses oder jenes tue. Es antwortete
erstaunt: ,,Ich hab doch schon einen Pfennig!''

B   ,,. . . so werde ich es machen: ich reiße
meine Scheune ab und baue eine größere. Dann
werde ich zu meiner Seele sagen: Siehe, du hast
viele Güter daliegen auf viele Jahre, iß und
trink und lasse es dir wohl sein. Gott aber sprach
zu ihm: du Narr, in dieser Nacht wird man dein
Leben von dir fordern. Wem wird nun gehören,
was du angehäuft?'' (Lk 12,16–21).

C 1   Wo der Kindesgeist nicht mehr ist, wird
die Ansammlung und Mehrung von Möglichkeit (dargestellt, vorgestellt, hingestellt, herge-
stellt im Mammon) vorrangig gegenüber der
Wahrnehmung von Wirklichkeit. Es bleibt
keine Zeit mehr für Mitmenschlichkeit, weil
man die Zeit braucht für die Ansammlung von

Möglichkeit. Der Gedanke an die eigene Möglichkeit absorbiert dann mehr und mehr auch die Fähigkeit des Aufnehmens von Wirklichkeit. Das Jetzt wird aufgesogen vom Nochnicht. Bis das angesammelte Kapital dem Erfahren der Wirklichkeit zugute käme, ist die Fähigkeit, die Wirklichkeit in ihrer Tiefe und Weite wahrzunehmen, bis auf arme Reste erstorben.

Mit der Ansammlung von Möglichkeit, also von Geld, geht proportional einher der Schwund von Wirklichkeit.

Progressiver Wirklichkeitsschwund: das Schicksal einer durch die Gesichtspunkte des Geldes gesteuerten Gesellschaft. So entsteht eine gespenstische Welt, Existenz im Noch-nicht und Zuspät – wie im Gleichnis vom reichen Kornbauern.

A Weil das Kind die Sorge um sich selbst nicht kennt, *breitet es vor unseren Augen die Schätze aus, die es hat*. Alle müssen teilhaben an seiner Freude.

B „. . . . so ruft sie die Freundinnen und Nachbarinnen zusammen und spricht: Freuet euch mit mir, denn ich habe die Drachme gefunden, die ich verloren hatte!" (Lk 15,9).

C 1 Wenn einer den Kindesgeist nicht mehr hat, so zeigt er wohl auch, daß er reich ist, aber er zeigt es nicht wie ein Armer, der beschenkt wurde, sondern wie einer, der es nicht nötig hat, daß er beschenkt werde, und der es sich leisten kann, selber zu schenken. Zugleich aber verbirgt er, wieviel er wirklich hat und herzugeben hätte, damit das Verhältnis nicht offenbar werde zwischen seinem Hergeben und seinem Behalten. In den Augen der Wahrheit entscheidet ja nicht die Zahl, sondern die Proportion: ob einer nur abgab, oder ob er sich selber gab, und so könnte als Geiz entlarvt werden, was Freigebigkeit zu sein schien, und man könnte zu dem Kinde und zu der armen Witwe mit den zwei Hellern aufschauen statt zu uns.

Wer kein Kind mehr ist, wer für sich selbst reich sein will, der legt um sein Bankkonto oder was es sonst sein mag, Großes oder Geringes, einen Nebelring von Unaufrichtigkeit. An den Stellen, wo ich gewohnheitsgemäß nicht aufrichtig bin, bin ich im Heil gefährdet.

C 2 Die Heimlichkeit wächst mit der Gebundenheit. Was wir für uns behalten, auch dann wenn die Liebe es uns abfordert – etwa darum abfordert, weil es eigentlich dem Ärmeren, der nicht das Notwendige hat, gehört –, mit anderen Worten, was wir der Liebe *wegnehmen*, bringt folgerichtig in uns die Heimlichkeit des Diebes hervor. Was nicht Heimlichkeit der Liebe ist, ist Heimlichkeit des Diebes. Es gibt kein Mittleres, keine neutrale Zone: Das Weltgericht kennt nur zwei Gesichtspunkte: „Das habt ihr mir getan" oder „Das habt ihr mir nicht getan" (Mt 25,25).

FÜLLE DER ZEIT

A   Das Kind verschenkt seine Zeit, wie sie ihm
selbst geschenkt ist, ohne zu rechnen, und ohne
zu denken, daß ein Mensch sie ihm raube. So
hat und lebt es die „Fülle der Zeit" (Gal 4,4).

B   „Umsonst habt ihr empfangen, umsonst
sollt ihr geben" (Mt 10,8).

„Einen fröhlichen Geber hat Gott lieb" (2 Kor
9,7).

. . . „und sie hatten nicht einmal Zeit zum Essen"
(Mk 6,31).

„Wer in Segensfülle sät, der wird in Segensfülle
ernten" (2. Kor 9,6).

C   Wir haben berechtigte Scheu davor, zu einem Menschen zu gehen, bei dem man das
Empfinden nicht los wird, daß wichtig für ihn
immer ist, was er in der nächsten Stunde vorhat. Ihm möchten wir die Zeit nicht rauben.
Aber hat er jemals Zeit? Vielleicht hat die Zeit
ihn?
Es gibt etwas, das muß man ganz verschenken,
um es ganz zu besitzen: die Zeit. (Und das heißt

im Grunde soviel wie das Leben). Nicht, als ob man sie nicht einteilen dürfte oder müßte! Wer viel Verantwortung trägt, wird darin besonders sorgsam sein müssen – und doch nie festgelegt sein dürfen auf die Art ihrer Verwendung. Wer den Kindesgeist nicht mehr hat, der verfügt über seine Zeit wie ein Direktor über seine sicheren Posten.

Bekehrt ist, wer sie mit der gleichen Liebe verschenkt, mit der sie ihm selbst geschenkt wurde. In solchem Verschenken von Zeit aber verbirgt sich das Geschenk der Ewigkeit. So kann es dahin kommen, daß ein Mensch wieder in der Fülle der Zeit lebt – wie ein Kind.

*A   Das Kind ist glücklich auf dem je zugewie-
senen Platz* am Tisch der Seinen, es weiß um
keinen anderen, keinen höheren, keinen, der
ihm etwa zustände, es weiß um nichts Zuste-
hendes.
Jeder Tisch ist für ein Kind rund; von jeder
Stelle des Tisches aus weiß es sich mit dem
Ganzen des Mahles und mit allen Tischgenossen
beschenkt. Der Anspruchslose ist allerorts an der
Quelle der Freude.

B 1   Lk 15,11: ,,Vater, gib mir den Anteil am
Vermögen, der mir zusteht'', mit diesem Wort
bringt der Verlorene Sohn zum Ausdruck, daß
er kein Kind mehr ist. Wer das Zustehende fordert, will unabhängig sein von der Liebe, will
nicht mehr ,,danke'' sagen brauchen, will den
höheren Platz, darum gilt ihm das Zustehende
mehr als das Ganze, das verdankt wirkt, und
das es nur in der Gemeinsamkeit der Liebe
gibt.
,,Mein Kind, du bist immer bei mir, und alles,
was mein ist, ist dein'', dieses Wort hat Kraft
und Geltung in dem Haus, das der Sohn verläßt. Das Kind verfügt über das Ganze des Vaters, dessen Liebe keine abgegrenzten Teile
macht, sondern alle Teile zum Ganzen fügt und
in jedem Detail das Ganze gibt. Die Liebe des

Vaters gibt alles, aber sie steht nicht zu, sie ist das von Wesen Ungeschuldete, Freie. Empfangen kann sie und das Ganze nur der dankbare Aufblick. Diesem Aufblick beginnt der verlorene Sohn sich zu verweigern. In dem Verlangen, daß das Seine nicht länger als das des Vaters zähle, in dem Verlangen, herabschauen zu können, fordert er seinen Anteil, ,,packt alles zusammen" und zieht in die vaterlose Fremde. ,,Er packte alles zusammen", sagt das Gleichnis. Das hatte er im Vaterhause nicht nötig. Dort war die Fülle. Dort fügte sich alles zwanglos zum Ganzen und blieb im Ganzen. Die Liebe im Hause des Vaters ist der zwanglose Halt; wo sie verlassen wird, beginnt die Haltlosigkeit und der Zwang des Zusammenhaltens.

Der Blick des Fortgegangenen geht nun nicht mehr auf den Einen, auf den Vater, im Aufblick, sondern auf das Viele, hierhin und dorthin, im Herabblick, in jener Unruhe, welche das Detail schafft, das kein Ganzes mehr und nicht mehr im Ganzen ist.

Der den Anspruch auf den Anteil erhob, hat jetzt alle Teile einzeln im Auge, da der Anspruch sich keinen entgehen lassen kann und will. Denn wer einmal in die Welt des Anspruchs eingetreten ist, findet sein Leben, das er bisher beim Vater hatte, in der Erfüllung von Ansprüchen. Seine Habseligkeit ist jetzt seine Seligkeit, ist sie doch Verfügungsmacht, Dispens von der Frage nach einem andern: der höhere Platz. Man wird ihm dienen, statt daß er länger dem Vater dient. Aber indem er sein Leben darin hat, daß anderes unter ihm ist, wird, was unter ihm ist, zum Herrn über ihn; sein Leben hängt ja nun ab von dem, was unter ihm ist, nicht von dem, was über ihm ist. Im Vaterhaus war seine Abhängigkeit Freiheit, weil sie Liebe war und als Liebe Verfügungsrecht so gut wie Verfügungsbereitschaft, war sein Dienst Herrschaft, weil er Liebesdienst war, Sohnesspiegel der Herrschaft des Vaters, dessen Dasein als Liebe zum Sohn, als Verfügbarkeit für den Sohn, solch herrscherlichen Dienens Urbild war.

Jetzt wird sein Dasein zur Knechtschaft, zum Ausgeliefertsein an die Notwendigkeit, die Mittel aufzubringen, daß seinem Anspruch entsprochen werde – von unten her. Denn in der Welt des Anspruchs dient man nur gegen Bezahlung. „Ihr könnt nicht Gott dienen und dem Mammon", sagt Jesus. Darin liegt: Wenn einer Gott nicht mehr dient, dient er notwendig dem Mammon, nicht etwa der Mammon ihm.

Aber wenn der Verlorene Sohn nun auch den ganzen Anteil, auf den er beim Vater Anspruch machte (die ganze Ausstattung seiner Natur), daran wendet, um seine Ansprüche zu befriedigen, wenn er Zug um Zug das Bild des Vaters, das er selbst einmal war, eintauscht gegen das Bild der Geschöpfe, die er jetzt statt des Vaters im Auge hat: – was unter ihm ist, das Zustehende, kann ihm doch nur zu einem ständig abnehmenden Leben verhelfen, nicht zu einem immer zunehmenden und immer größeren Leben; nur zu einem Leben, das er mit den vergehenden und verwesenden Geschöpfen teilt, die unter ihm sind, nicht zu einem Leben mit dem Vater, der über ihm ist. Und mit dem Eintausch seines Vermögens nehmen auch die Ansprüche ab, die er stellen kann, bis er schließlich keinen Anspruch mehr hat. Und so endet, wer sich selbst den höheren Platz suchte, schließlich am letzten Platz.

Da das Vermögen, das er vom Vater her mitbrachte, aufgebraucht ist, da er nichts mehr aufzuweisen, nichts in sich und bei sich hat, was er veräußern könnte, da er ein total Verausgabter und Veräußerter ist, erkennt man ihm (der einmal Anspruch auf seinen Anteil am Vermögen des Vaters erhob), nicht einmal den Anteil der Tiere zu, die noch den Anspruch auf die Schoten haben, weil sie dafür mit ihrem gemästeten Fleisch zahlen. Umsonst gibt es nichts in der Fremde fern vom Vater, dort zählt nur der Anspruch, wie im Hause des Vaters nur die Liebe.

Auch der ältere Sohn vollzieht die Trennung vom Vater im Anspruch. Da dieser dem heimgekehrten Jüngeren gibt, was diesem nicht zusteht, findet er, der Heimgebliebene, auf einmal, daß er seinerseits die ganze Zeit über das ihm Zustehende nicht bekam. Protestierend gegen eine Liebe, die mehr als das Zustehende gibt, die das Ganze gibt – schließt er sich seinerseits aus vom Vaterhaus.

Ähnlich verläuft die Geschichte der Arbeiter im Weinberg (Mt 20,1–16). In denen, die von früh auf im Dienst des Hausvaters standen, erwacht der Anspruch im Hinblick auf die später Gekommenen, die weniger taten. Dieser Blick ist Herabblick, die Blickwende weg vom Hausvater. Das Auge wird böse, weil dieser gut ist. Damit einher geht sofort der Verlust der Freude. Im Nachhinein wird die Last und Hitze des Tages empfunden. Das verfinsterte Auge taucht alles in Finsternis. Die im Herabblick nicht mehr zu danken und zu lieben vermögen, berauben sich selber der vergangenen wie der gegenwärtigen Freude. „Wer nicht hat, dem wird auch noch genommen, was er hat" (Mt 25,29). Die Hölle ist eine Welt der unerfüllten Ansprüche. Für den, der da hineinkommt, ist einmal alles Hölle gewesen.

B „Der in göttlicher Gestalt war, nutzte sein Gott-Gleichsein doch nicht für sich aus, sondern verausgabte sich, nahm Knechtsgestalt an, ward ein Mensch und als ein Mensch erfunden, er machte sich niedrig und wurde gehorsam bis in den Tod hinein, bis in den Tod am Kreuz" (Phil 2,6–8). Jesus erwählt den letzten Platz, den der Gefährtenschaft mit dem in die äußerste Ferne vom Vater Verlorenen, mit dem ganz Verausgabten. Und seine Wahl – das ist die Umkehr des Verlorenen. Seine am Kreuz ausgebreiteten Arme und die Arme des Vaters im Gleichnis, die sich dem Heimkehrenden entgegenbreiten, sind eines.

C 1 „Vater, ich habe gesündigt gegen den Himmel und vor dir, ich bin nicht wert, dein Sohn zu heißen" (Lk 15,21).

C 2 Im Gedächtnis Christi, im Brotbrechen, begeben wir uns an seinen Platz, den letzten, den der äußersten Liebe, die uns das Angesicht des Vaters enthüllt. Vom Ort der Kreuzigung her aber ist nur noch der Aufblick möglich; für den, der diesen Platz erwählt, gibt es nichts mehr, was den Blick ablenkt nach unten hin, über ihm ist das reine Licht, die bleibende Freude.

Wer, von daher kommend, zu allen aufschaut, kann alle lieben, allen dienen.

Wie aber, wenn wir, von der Messe kommend, ja selbst während wir sie feiern, den Platz wollen, der in den Augen der Leute als der höhere gilt?

VII

VERBUNDENHEIT

DER HIMMEL DES DU

*A   Das Kind sucht und liebt über alles Ver-
bundenheit.* Vertrauend und angstlos ruht es
am Herzen des Vaters, der Mutter. Sein Leben
ist der andere. Über seine Welt spannt sich der
reine Himmel des Du. Was es erschrecken
macht, ist einzig, was sich darin nicht einordnet.

B   Ein Erschrecken von dieser Art ist im Neuen
Testament das der Jungfrau Maria in der Ver-
kündigungsgeschichte.
Sie erschrickt nicht beim Eintritt des Engels,
wie andere Leute in der Bibel, wenn sie einen
Engel sehen. Sie ist reines Kind, reine Offenheit
für das Licht; in die Richtung, aus der es kommt,
schaut sie, es ist ihr nicht fremd, es ,erscheint'
ihr nicht, es ,tritt bei ihr ein' wie über eine
vertraute Schwelle. Und der lichte Bote braucht
nicht als erstes zu sagen: Fürchte dich nicht!
bevor er die Freude kündet. Er kann sofort mit der
Freude beginnen: ,,Freue dich, du Begnadete!''
Worüber aber erschrickt sie dann? Über die An-
rede. In diesem Gruß richtet Licht vom Licht
sich plötzlich auf sie selbst. Dafür fehlt ihr der
Zusammenhang, darauf ist sie nicht gefaßt. Sie
wird genötigt, sich selbst zu sehen, das ist ihr
unbekannt.
Die Einfalt will nicht sich sehen, sie will ein
Antlitz der Liebe sehen. Das Ich ohne Du ist

Blick in den Spiegel ohne Hinblick auf einen anderen: Schönheit, losgelöst von ihrem Grund. Mariens Unruhe: Die Schönheit sucht ihren Grund.

C Gibt es eine Unruhe, die tiefer ginge als jene, die über uns kommt, wenn unser Glaube etwas nicht einzuordnen weiß, mit dem Du Gottes oder dem eines Menschen, dem wir liebend vertrauten, nicht in Zusammenhang zu bringen vermag?
Wir sind auf dem Wege der Bekehrung, wenn die Frage nach der Verbundenheit allen Lebens, nach seinem Zusammenhang (in dem Einen und auf den Einen hin), unsere wichtigste wird.

ALLES SEIN IST MITSEIN

A Alles Sein ist für ein Kind Mitsein. Allen Geschöpfen ist es verbrüdert: der Schnecke, dem Mond, dem Hündlein, der Blume, dem Menschen. Es weint mit den Weinenden, es ist fröhlich mit den Fröhlichen. Es distanziert sich nicht von den Mitgeschöpfen, es identifiziert sich mit ihnen. Es will das Brot der Seinen essen. Favelakinder in Rio, die man in Häusern von Reichen unterbrachte, fanden sich unversehens wieder in ihren Elendsquartieren ein.

B Wenn einer dem Geist des Kindseins absagt, distanziert und isoliert er sich von den anderen.

„Bin ich denn meines Bruders Hüter?" (Gen 4,9).

„O Gott, ich danke dir, daß ich nicht bin wie die übrigen Menschen" (Lk 18,11).

C Die unser Leben einmal rettenden oder richtenden Worte sind Worte der Identifikation:
„Was ihr einem dieser Geringsten getan habt, das habt ihr mir getan."

„Was ihr einem von ihnen nicht getan habt,
das habt ihr mir nicht getan" (Mt 25,40.45).

Charles de Foucauld: „Ich liebe Jesus, wenn ich
ihn auch mehr lieben möchte. Aber ich liebe
ihn und kann es nicht ertragen, ein anderes Leben zu führen als das seine."
„Mein Gott, ich weiß nicht, wie manche Menschen es fertigbringen, dich arm zu sehen und
doch freiwillig reich zu bleiben. Ich jedenfalls
kann es nicht begreifen, wie man lieben kann
ohne Verlangen, ohne gebieterisches Verlangen
nach Gleichförmigkeit."

A Das Kind verschließt sich nicht, es ist lautere Offenheit zum geliebten Anderen hin. In dieser Offenheit bringt es sein Wesen für uns zum Leuchten: im Antlitz, in der Gebärde, im Laut der Stimme. Dadurch wird es anziehend für uns wie das Licht. Es bekommt eine ganz eigene Rufkraft für den, zu dem hin es sich öffnet: es ruft ihn zu sich herüber, heraus, hervor, so daß auch er sich öffnet, aus sich herausgeht, hervorkommt aus seinem Ichgehäuse. Wie das Aufspringen einer Kapsel ist das Lächeln auf den Zügen eines Vergrämten, dem sich ein Kind zu schenken beginnt.

B Jesus ist Gottes Offenheit zum Menschen hin. Darum ist sein Wesen auch von so einzigartiger Rufkraft für den, dem er liebend naht, an den er sein Wort richtet. Das Urlicht selbst ruft durch ihn hindurch. Jesus braucht dafür das Gleichnis der Sonne: ,,Ich bin das Licht der Welt.'' Die Sonne weckt alles Leben, sprengt alle Hüllen, alles tut sich ihr auf, was zum Leben drängt.
Wenn Jesus einen Menschen sah, ihn in seine Nachfolge rief, so verließ dieser alles und folgte ihm.

C 1 Bekehrung: von der Verschlossenheit zur
Offenheit ohne Falsch, als ein von Gottes Offenheit in Jesus Christus Betroffener.

C 2 Es gibt ein dunkles und dumpfes Sich-
verschließen vor dem anderen, ja, gegen ihn,
ein Schweigen, das den Tod in sich birgt, das
töten möchte, Tödliches geht von ihm aus;
es gibt aber auch das Schweigen der vertrauend
wartenden Offenheit für das erlösende Wort,
das ich nicht selber habe, das mir ein anderer
sagen muß, und das ich nur vernehmen kann,
wenn ich selber aufhöre, das Wort zu haben;
endlich das Schweigen, das Heiliges hütet, Kei-
mendes, Knospendes schützt, Leben bewahrt:
das erlösende Wort wird dann „im Herzen bewahrt und bewegt" (Lk 2,19.51).

A   Das Kind schließt sich nicht ab und nicht ein.
Seine schlimmste Strafe: wenn andere es aus-
schließen oder einsperren. Es fürchtet sich nicht
vor dem Sterben, wohl aber davor, daß es allein
gelassen werden könnte. Darin jedoch verbirgt
sich die echte und allein berechtigte Todes-
furcht. Das Schriftwort ,,Es ist nicht gut, daß
der Mensch allein sei" enthält auf seinem
Grund bereits auch die Definition der Hölle;
jedes Kind versteht sie.

B   Die Sünde will mit dem Sünder allein bleiben, und sie läßt den anderen allein, ja, wendet
sich gegen ihn. In der Richtung der Sünde wei-
terleben: der Isolierung in Permanenz verfal-
len. Um diese Gefahr von uns abzuwenden, wird
Gott Mensch und unser Gefährte; er nimmt es
auf sich, daß die Sünde sich nun gegen ihn
selbst richtet, ihn tötet; so aber überwindet er
sie in uns; denn als der Erhöhte ergreift er uns
mit seiner bekehrenden und erlösenden Kraft
immer neu.
Die Passion Jesu beginnt im Garten Gethsemane
mit der Angst des von seinen Jüngern Allein-
gelassenen. ,,Konntet ihr nicht eine Stunde mit
mir wachen?"
Und sie endet am Kreuz mit dem Schrei: ,,Mein
Gott, mein Gott, warum hast du mich verlas-

sen!" Das ist der Schrei des Kindes, das im Sterben nun auch von seinem Vater alleingelassen wird. Mit diesem Schrei hob dieses Kind unser Alleinsein auf, trug es unsere Schuld ab, nahm es unserem Tode den Stachel, daß wir von Gott und allem, was Liebe war und ist, für immer verlassen werden könnten.

Vielleicht wird es von hierher verständlich, daß Jesus von dem Bekehrungsruf: „Werden wie die Kinder!" so unvermittelt übergeht zu der Verheißung: „Wer aber eines von diesen Kleinen aufnimmt, der nimmt mich auf!" Sich der Not eines verlassenen Menschenkindes öffnen, damit fängt es an, daß man selber wieder wird wie ein Kind.

C Wonach werden wir einmal gerichtet? Ob wir den anderen allein ließen oder nicht. „Ich war fremd, krank, gefangen, hungrig, durstig, nackt ...", das sind die Worte, die den Gerichtsspruch Jesu am Jüngsten Tage einleiten. Immer war da einer allein, und ein anderer kam in sein Leben und war für ihn da. Liebe läßt den anderen nicht allein, wird ihm Gefährte, hält bei ihm aus. Darum wurde Gott Mensch, darum litt und starb er mit uns, für uns, an unserer Stelle. Der Kern der Erlöserliebe ist Gefährtenschaft.

Was bedeutet das für unsere Bekehrung? Daß wir mit dem Wissen ernst machen: Du kannst nicht länger mit dem Rücken gegen den anderen glücklich sein oder fromm und selig werden wollen.

128

Und daß wir nicht wähnen, es genüge etwa, Einrichtungen für Kranke oder Alte oder Geistesschwache oder sonst Verlassene zu schaffen, Einrichtungen, die es uns ersparen, den anderen als Person zu lieben, es uns erlauben, ihn allein zu lassen. Was nützt es denn, unseren leidenden Menschenbrüdern Krankenhäuser und Heimstätten zu bauen, ihrem Geldmangel abzuhelfen oder ihnen Fernsehgeräte zu besorgen, wenn wir über all dem nicht mehr die Zeit für sie selbst haben! Wissen auch wir Christen nicht mehr, daß dieser andere, der uns braucht, so viel Liebe und Zuwendung wert ist wie Gott selbst?

Die Kirchen sind heute in Gefahr, zu denken, um am Ball zu bleiben, müßten sie das alles auch in eigener Regie haben, was die Kommunen, die Versicherungsgesellschaften und Konzerne (mit ihren gewaltigen Mitteln) an sozialen Einrichtungen erstellen. Wir wollen mit der Welt konkurrieren in der Weise, wie sie den Menschen hilft und die Übel aus der Welt schafft. Aber erleben wir es nicht, wie dieses Bemühen unsere wichtigsten Kräfte mehr und mehr absorbiert, uns im Vorfeld unseres innersten Auftrags, in organisatorischen, technischen, zivilisatorischen Bereichen festhält, verbraucht und erschöpft? Und wie wir uns unwillkürlich dahin drängen lassen, auch unser christliches Tun quantitativ einzuschätzen? – So daß auch wir schließlich nur mehr das Es des Übels, aber nicht mehr das Du des leidenden Menschen sehen, der uns anvertraut ist?

Da hat einer sich etwa in ein Helferwerk eingereiht, das den ganzen liebenden Menschen fordert. Der Rahmen erweitert sich. Der Apparat bekommt die Oberhand. Zehn Jahre später scheint es ihm der Zeitdruck einfach nicht mehr zu erlauben, einen armen Menschenbruder noch so zu lieben, als sei er allein auf der Welt. Sein Leistungssoll ist jetzt eben von anderer Art. Aber weiß er dann überhaupt noch, wofür er da ist? Was ihn als Christen unterscheidet? Und wie er selbst erlöst wurde?

Jene wenigen stillen Zeichen der göttlichen Liebe, die Jesus in einem Winkel der damaligen Welt an ein paar Lahmen, Blinden, Aussätzigen wirkte, an dem je einen – und daß er seine Solidarität mit uns Verlorenen bis zu den Allerärmsten, bis zur letzten Konsequenz der Gefährtenschaft an einem Verbrechergalgen ausdehnte, hat der gesamten Menschheit unendlich mehr und tiefer geholfen als alles, was sonst zu ihrem Nutzen geschah.

Die Christen der Urkirche beteten um die Zeichenhaftigkeit ihrer Liebe: ,,Herr, strecke deine Hand aus, daß Zeichen geschehen durch den Namen deines heiligen Knechtes Jesus!'' So nach der Heilung des Gelähmten durch Petrus und Johannes, die unter den Worten geschah: ,,Silber und Gold habe ich nicht; was ich aber habe, das gebe ich dir: im Namen Jesu Christi von Nazareth steh auf und wandle!'' – ,,Und er stand auf, lief und sprang umher und lobte Gott'' – er war ein *Ver*wandelter.

Gewiß, auch Silber und Gold, und was immer

damit Helfendes beschafft werden kann, sollen in den Dienst der Bedürftigen treten. Aber nicht Silber und Gold machen uns Christen zum Zeichen, sondern die Kraft von oben. Und es scheint etwas wie ein Gesetz zu sein, daß diese Kraft dann erst in uns durchdringt und über uns verfügt, wenn die Kategorie ‚Silber und Gold' bei uns nicht mehr zählt, wenn wir selbst zuinnerst frei von ‚Silber und Gold' geworden sind, und damit frei für unseren eigentlichen Auftrag.

*A   Das Kind hat uns gegenüber immer ein gün-
stiges Vorurteil.* Weil es aufschaut, sieht es das
Licht über uns, in uns. Und wenn wir es enttäuschen, uns ihm vorenthalten, es stehen lassen, es anschreien – es trägt nicht nach. Es
macht uns keine Vorwürfe. Wie es uns sein Gutes nicht vorrechnet, weil es um sein Gutes
nicht weiß, so trägt es uns unser Böses nicht
nach. Es behält unser Gutes, unser Böses leidet
es aus.

B   „Als sie an den Ort kamen, der Schädel ge-
nannt wird, kreuzigten sie ihn und die beiden
Übeltäter, den einen rechts, und dann den anderen links von ihm. Jesus aber sprach: Vater,
vergib ihnen, denn sie wissen nicht was sie tun''
(Lk 23,23ff.).
Gott behält unser Gutes, unser Böses nimmt er
von uns durch sein Leiden an unserer Statt.

C   Daß einer den Geist des Kindes noch nicht
wiedererlangt hat, kann er an seiner Neigung
erkennen, das Böse des anderen zu behalten,
sein Gutes in seinem Gedächtnis zu tilgen.
Ist da ein Mensch, den ich nicht mit guten
Augen sehe? Dessen Arges nur in meinem Gedächtnis steht? Sein Gutes aber kommt in meinem Bedenken nicht vor?

A   Das Kind liebt uns absichtslos, es hat dabei keine Hintergedanken. Es wartet nicht auf eine Gegenleistung oder auf Dank. Unsere Danklosigkeit kann es nicht dazu bringen, daß es aufhört, uns zu lieben.

Noch im Leiden durch uns fährt es fort, uns zu lieben. Es läuft ja seinem Leiden so wenig weg wie seinem Menschsein überhaupt. Es läuft von uns nicht weg, die wir es leiden machen. Es bleibt bei uns. Es wartet, bis wir es wieder lieben. Und voll Freude läuft es uns wieder in die Arme hinein. – Die Brücke zum Verstehen der Liebe Jesu.

B   ,,Die Liebe ist langmütig, gütig ist die Liebe; die Liebe ist nicht eifersüchtig, sie prahlt nicht, sie bläht sich nicht auf ... sie sucht nicht das Ihre, sie läßt sich nicht erbittern, sie trägt das Böse nicht nach. Sie leidet, wo Unrecht geschieht. Sie freut sich, wo die Wahrheit sich durchsetzt. Sie erträgt alles, sie glaubt alles, sie hofft alles, sie bleibt unter der Last. Die Liebe hört nie auf ... '' (1 Kor 13,4–8).

C 1   Die unkindliche Liebe: Sie sucht das Ihre, sie läßt sich erbittern, ist eifersüchtig, mißtrau-

133

isch, unduldsam; und sie hört auf, ja schlägt in ihr Gegenteil um, in Gleichgültigkeit, Empörung, Erbitterung, Haß, wenn sie ihr Ziel, die Gegenleistung nicht erreicht. Sie liebt, um Gegenliebe zu ernten; sie macht Freude, um sich selbst zu erfreuen. Sie vollbringt Gutes, aber nur so lange und so weit, wie dieses Gute wieder der Entfaltung des Eigen-ich zu dienen hat, wobei dieses sich auch potenzieren und aufgehen kann im Großich der Sippe, des Volkes, der Partei, der religiösen Gruppe, der Firma, der Konfession, der Menschheit.

Eines der sicheren Kennzeichen unkindlicher Liebe: Die Linke weiß bei ihr, was die Rechte tut, und sie weiß es einmal vorzurechnen, sich und dem anderen, wenn sie nicht auf ihre Kosten kommt.

C 2　Die Wende: wenn einer weiß, und immer wieder und immer besser weiß, wieviel er der Liebe schuldig blieb. Und dennoch auch bei diesem schmerzlichen Rückblick, der an die Stelle des selbstischen Rückblicks trat, nicht lange verweilt, da er immer neu gedrängt ist, von sich selbst abzusehen, im vertrauenden Neubeginn.

A Das Kind liebt nicht in Grenzen, die sein eigenes Interesse oder andere Leute schon vorher abgesteckt haben. Den Mülltonnenmann behandelt es nicht mit geringerer Hochachtung als den Oberregierungsrat. Zum Briefträger sieht es nicht weniger auf als zum Bischof. In seinen Augen steht der Mensch höher als der Stand.

Und die Nahsicht verhindert bei ihm noch nicht die vertrauende Glaubenssicht. Es vermutet den Propheten noch in seiner Vaterstadt.

B So hat Jesus die Menschen gesehen: in allen die Kinder seines Vaters im Himmel. Nur noch eine Grenze läßt er gelten, die zwischen Schöpfer und Geschöpf; vor ihr sind alle anderen Unterschiede bedeutungslos.

Warum konnte Jesus nicht der Messias sein? Weil er aus Nazareth und der Sohn des Zimmermanns war.

Und was hat man ihm übelgenommen? Daß er seine Liebe so unterschiedslos zu den Verachteten und Geringen ausdehnte, ja, daß er sich vorzugsweise ihnen als den Bedürftigen zuwandte, mit ihnen an einem Tisch saß, für sie soviel Zeit hatte. Und daß umgekehrt sein Wehe nicht vor den Angesehenen und Mächtigen, den

Reichen und Frommen und den Autoritäten haltmachte, ja daß dieses Wehe ihnen vor allem galt.

C   Unsere Bekehrung: zu einer freien und offenen Freundschaft mit Menschen jeden Standes bereit sein, sich nicht dem Milieu einer bestimmten Klasse verschreiben. Christsein verpflichtet zur brüderlichen Haltung gegenüber den Menschen aller Gesellschaftsschichten ohne jede Ausnahme, in dem Bemühen, alle zu verstehen, indem man sich in deren Lage versetzt. Christsein bringt in eine besondere Nähe zu den Armen, weil sie Jesus am nächsten stehen.

Für den kirchlichen Amtsträger bedeutet diese Bekehrung nach den Worten eines französischen Bischofs auf dem Konzil: daß er zuerst und vor allem Christ ist, wie seine christlichen Brüder, und daß er es ihnen sagt.

Daß er zuerst ein Mensch unter Menschen ist und keine Furcht hat, es seinen Mitmenschen zu zeigen.

Daß er sein Amt als einen Dienst am gemeinsamen Heil versteht.

A   Das Kind schenkt uns seine Nähe, sein Vertrauen, seine Freundschaft, ohne daß wir sie erst verdient hätten. Es bezweifelt keinen Augenblick, daß wir ihrer wert seien. Es macht uns ihrer wert. Es prüft nicht erst unseren Wert, es wartet nicht ab, bis wir ihn unter Beweis gestellt haben. Es verleiht uns diesen Wert, eben durch seine Sicht. Und es richtet sich nicht nach Unterschieden, wie die Erwachsenen sie machen. Sein reiner Blick haftet weder am Geschlecht, noch an der Rasse, noch am Stand.

B   „Jesus sah einen Mann an der Zollstätte sitzen mit Namen Levi und sprach zu ihm: Folge mir nach!" (Mk 2,14).

„Heute muß ich in deinem Hause bleiben!

... Alle, die es sahen, murrten und sprachen: Bei einem (öffentlichen) Sünder ist er eingekehrt" (Lk 19,5 ff.).

„Sie wunderten sich, daß er mit einem Weibe sprach" (Jo 4,2).

„Wie kannst du, der du doch ein Jude bist, von mir zu trinken wünschen, einem samaritischen Weibe?" (Jo 4,9).

C   Jeden andern so zu sehen suchen, wie man selbst von Gott gesehen ist, und wie man möchte, daß man von Gott gesehen werde.

A Das Kind ist uns überlegen durch seine Einfalt, seine Lichtheit, seine Anmut, seine in der Nähe zu seinem Ursprung gründende Hoheit; aber *seine Überlegenheit bedrückt uns nicht* wie die Überlegenheit der großen und gescheiten Leute. Im Gegenteil, das Kind befreit uns mit dem überlegenen Charme seines Wesens zu unserem Eigensten, es ruft unser Bestes, es löscht unser Licht nicht aus, sondern entfacht es, es bringt uns zu uns selbst.

B „Siehe da mein Knecht, mein Erwählter. Ich habe meinen Geist auf ihn gelegt, daß er die Wahrheit unter die Völker hinaustrage. Er wird nicht schreien, noch rufen, noch seine Stimme laut tönen lassen auf der Gasse. Geknicktes Rohr wird er nicht zerbrechen und glimmenden Docht nicht auslöschen . . ." (Is 42,1–3).
„Wenn jemand der Oberste sein will, dann muß er der unterste sein von allen und ein Knecht aller" (Mk 9,35).

C Verhängnisvollste aller Versuchungen: Ausbau von Macht, von Überlegenheit, um der Sache Gottes zu dienen.
Umorientierung am Beispiel der Fußwaschung.

Gott zwingt nicht, er vertraut

A   Das Kind tut uns keine Gewalt an, außer
der einen, die in seinem Bitten und – wenn es
damit nicht durchdringt – in seinem Schreien
nach Liebe, nach Zuwendung liegt; es läßt uns
damit keine Ruhe, bis wir zu ihm kommen.
Aber es zwingt uns zu nichts, es ängstigt uns
nicht. Es ist ausgeliefert an die Notwendigkeit,
daß wir ihm nicht Angst machen, daß wir es
lieben. Die Nichtliebe, das ist seine Angst, und
ihre schlimmste Form, der Zwang, sei es äuße-
rer, sei es innerer, ist von seinen Ängsten die
tiefste.
Das Kind kann nur vertrauen. Das ist seine Armut. Aber so schutzlos, so wehrlos, so angewiesen auf Gehaltenheit, auf Geborgenheit das
Kind ist, so tief ist auch sein Vertrauen auf den
Haltenden, den Bergenden: Wir sind darin mit-
gehalten, mitgeborgen. In der Nähe eines solchen Kindes vergessen wir die eigene Angst. So
war es in Luftschutzkellern.

B   Gott zwingt nicht, er vertraut. Er wurde
ein Kind, damit wir keine Angst vor ihm haben,
ein Kind, das sich nicht wehrt und das uns vertrauend die Arme entgegenbreitet, noch als
Gekreuzigter, das sich angewiesen macht auf
unsere Liebe, damit es uns die seine schenken
kann.

140

„Und Todesangst überfiel ihn im Garten Gethsemane, und sein Schweiß wurde wie Tropfen
Blutes, die auf die Erde rannen" (Lk 22,44).

„Da nun die Kinder Fleisch und Blut gemein-
sam haben, so hat er auch in gleicher Weise
daran teilgenommen, damit er durch den Tod
den ohnmächtig mache, der die Gewalt des
Todes hatte, nämlich den Teufel, und alle die
erlöse, die durch Todesangst ihr ganzes Leben
lang im Banne der Knechtschaft waren" (Hebr
2,14ff.).

C Unsere Bekehrung: daß wir keinem Wesen
der Erde Gewalt antun, auch keine geistige,
keine seelische Gewalt, daß wir nicht zwingen,
sondern vertrauen.
Louis Massignon über Charles de Foucauld: „Er
bat um nichts, er verlangte nichts, er wachte
und wartete auf die Stunde der Gnade. Er ver-
mied es, daß irgendeine Seele verletzt würde
oder einen Zwang fühlte, auch nicht den lei-
sesten."

A   Das Kind glaubt der Liebe. So sehr glaubt
es ihr, daß es sie auf immer neue Weise hervorbringt in denen, auf die dieser Glaube sich
richtet.

Ich komme in ein fremdes Haus. Ein Kind ist
dabei, seinen Schuh aufzuknoten. Es bringt ihn
nicht auf. Mich, den Eintretenden, Fremden,
bittet es, mit einem Seitenblick aufschauend:
,,Mach ihn mir auf!'' Das ist unwidersteh-
lich...

Und je mehr das Kind uns braucht, desto größer
ist sein Vertrauen. Wenn es etwa hinfällt, macht
es auch daraus ein Sprungbrett in die Liebe,
ja gerade daraus. Darum tut es sich auch nie
sehr weh, wenn es fällt. Denn es fällt nie auf
sich selbst zurück. Alles hat bei ihm ja ein Du,
auch das Hinfallen. Sein Wesen besteht darin,
daß es sich ausgeliefert hat an dieses Du. Können
wir es enttäuschen?

B   ,,Und wir haben erkannt und geglaubt die
Liebe, die Gott zu uns hat'' (1 Jo 4,16).

C 1   Wenn einer aufhört, der Liebe zu glauben, wenn er nicht mehr von ihr abhängig und
an sie ausgeliefert sein will, wohl aber noch

weiß, daß er ihre Vorteile braucht, so sucht er sie von sich abhängig zu machen, von der eigenen Leistung. Seinen Reichtum macht er geltend, nicht seine Armut; noch im Fall. Sein erster Gedanke: Die Satisfaktion mit eigenen Mitteln. Er will nicht vertrauen müssen, er will Sicherheit und diese Sicherheit gründen können auf eine überschaubare Rechnung.

C 2 In der Frage der Jünger ,,Wer ist der Größte im Himmelreich?'' verbarg sich solche Sicherheit und das Streben nach ihrer Mehrung. Jesus zerschlug sie ihnen, weil er ihnen Besseres geben wollte: Heilsvertrauen. Und das sollten sie vom Kinde lernen. Heilssicherheit, wie wir sie wollen und schon zu haben wähnen, das ist mitten im Frommsein der Blick auf das Ich, mit dem Rücken gegen andere. Das Heil aber kann einer nur erlangen im Absehen von sich selbst, im Aufgeben aller Ansprüche, im reinen Aufschauen zu dem, der aller Heil ist und allen Heil gibt, darum auch nur in völliger Armut, mit den leeren Händen dessen, der sich selbst aus der Hand gegeben hat, in der Verbundenheit der Bedürftigkeit mit allen, die das Heil brauchen. Offenheit nach *oben* erweist sich als solche, als grenzenlose Offenheit, darin, daß sie auch von keiner Wand zum Menschenbruder weiß und von keinem Herabblick auf irgendein Mitgeschöpf. Wer wie ein Armer auf das Heil hofft, hofft immer auch für die anderen.

Das Kind wächst, es wird ein Erwachsener, nur *eines wächst bei ihm nicht mit, das Auge.* Dahinter verbirgt sich Tieferes. Wie sehr sich auch die Gestalt unseres Lebens verändert, Gott will, daß wir das Auge des Kindes behalten, daß wir aufschauen, nicht herab. Und wenn es nicht so war, daß wir uns bekehren zu dieser Sicht. Denn „die Leuchte deines Leibes ist dein Auge. Wenn dein Auge rein ist, dann ist dein ganzer Leib im Licht" (Mt 6,22).